WHY?
这是为什么

天文地理

胡文萱◎主编

北京工艺美术出版社

图书在版编目（CIP）数据

WHY？这是为什么．天文地理／胡文萱主编．－－北京：北京工艺美术出版社，2022.10
ISBN 978-7-5140-2450-0

Ⅰ．① W… Ⅱ．①胡… Ⅲ．①科学知识－儿童读物②天文学－儿童读物③地理学－儿童读物 Ⅳ．① Z228.1
② P1-49 ③ K90-49

中国版本图书馆 CIP 数据核字 (2022) 第 094504 号

出 版 人：陈高潮　　策 划 人：杨　宇　　装帧设计：上上设计
责任编辑：张怀林　　责任印制：王　卓

法律顾问：北京恒理律师事务所　丁　玲　张馨瑜

WHY？这是为什么·天文地理

WHY？ZHE SHI WEISHENME · TIANWEN DILI

胡文萱　主编

出　　版	北京工艺美术出版社	
发　　行	北京美联京工图书有限公司	
地　　址	北京市西城区北三环中路6号　京版大厦B座702室	
邮　　编	100120	
电　　话	（010）58572763（总编室）	
	（010）58572586（编辑室）	
	（010）64280045（发　行）	
传　　真	（010）64280045／58572763	
网　　址	www.gmcbs.cn	
经　　销	全国新华书店	
印　　刷	天津海德伟业印务有限公司	
开　　本	700 毫米×1000 毫米　1/16	
印　　张	8	
字　　数	90千字	
版　　次	2022年10月第1版	
印　　次	2022年10月第1次印刷	
印　　数	1～20000	
书　　号	ISBN 978-7-5140-2450-0	
定　　价	199.00元（全五册）	

Preface

随着孩子们不断长大，他们探索大千世界的欲望会越加强烈，他们的小脑袋里会时不时冒出各种各样的问题。如，太阳是一个大火球吗？美丽的彩虹是谁画出来的？鸟儿为什么能飞那么高？树叶到了秋天为什么会变黄？心脏为什么跳个不停？眼泪为什么是咸的？……这些层出不穷的"小问题"，是孩子们对这个世界的初步探索。

为了满足孩子们的好奇心，开阔他们的视野，启发他们的创造力和想象力，我们精心编排了这套《WHY？这是为什么》丛书。这是一套融趣味性、知识性、科学性于一体的少儿百科全书，囊括了天文、地理、动物、植物、历史、生活、人体等多个领域的知识。本系列图书从孩子的视角出发，所选内容简单易懂，用语生动有趣，全彩注音，装帧精致，插图唯美。

希望孩子们能通过阅读本丛书领略到一个精彩奇妙、色彩斑斓的大千世界。我们衷心祝愿每一位孩子都能在本丛书的陪伴下茁壮成长。

目录

Contents

宇宙是怎样诞生的？

宇宙到底是怎样形成的呢？关于这个问题，人们也是众说纷纭。世界上有多种关于宇宙成因的说法，其中有一种宇宙形成于一次大爆炸的说法，获得了世界上大多数科学家的认可。这种说法认为，大约在150亿年以前，宇宙还只是一个滚烫的大火球，

所有的物质都高度集中在一个点上，进而浓缩成了一个密

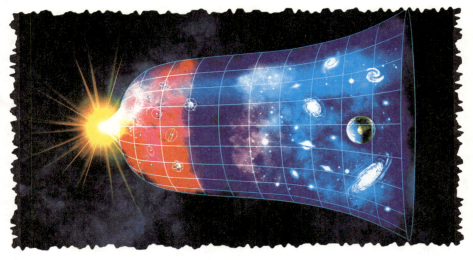

度极大、温度极高的物质团，被称作"宇宙蛋"。由于无限地浓缩、挤压，能量无限集中，当浓缩到再也不能承受的极限程度时，"宇宙蛋"便发生了大爆炸。在这次大爆炸后，一些构成宇宙的物质开始向外飞散。又经过漫长的演化过程，这些物质又拼接在一起相互结合，形成了星系和各种天体，进而演化出了星系团、恒星等，最终形成了现在的星

kōng shì jiè   lìng wài hái yǒu
空世界；另外还有

yí bù fen wù zhì zài qiáng dà
一部分物质在强大

de yǐn lì zuò yòng xià   xíng
的引力作用下，形

chéng le yǔ zhòu wù zhì
成了宇宙物质。

kē xué jiā men hái fā xiàn   yǔ zhòu zài xíng chéng zhī
科学家们还发现，宇宙在形成之

hòu jiù zài bú duàn de xiàng wài péng zhàng   yǒu de kē xué jiā hái
后就在不断地向外膨胀。有的科学家还

yù cè   yǔ zhòu zuì zhōng yě huì xiāo wáng   qí shí   chú le
预测，宇宙最终也会消亡。其实，除了

bào zhà shuō   hái yǒu kē xué jiā tí chū le   yǔ zhòu yǒng
"爆炸说"，还有科学家提出了"宇宙永

héng   yǔ zhòu céng cì   děng jiǎ shuō   dāng rán   suǒ yǒu de
恒""宇宙层次"等假说。当然，所有的

zhè xiē jiǎ shuō yě dōu shì tuī cè bà le
这些假说也都是推测罢了。

WHY 你知道吗？

大爆炸的证据——背景辐射

背景辐射是20世纪60年代重要的天文学发现，科学家认为，星空背景普遍存在着微波背景辐射，这种辐射有可能是当年大爆炸后遗留下的余热，从某种意义上说，这也支持了宇宙大爆炸的观点。

宇宙的年龄有多大？

美国天文学家哈勃于1929年发现，他观测的24个星系的谱线都存在明显的红移，即星系的电磁辐射由于某种原因出现频率降低的现象。科学家认为，宇宙

自形成以来不断向外膨胀着。根据物理学中的多普勒效应，这些星系在朝远离我们的方向退行，而且离我们越远的星系，其退行速度越快。而这些河外星系退行速度同距离的比值就是著名的哈勃常数，该数值一般为74.2左右。有了这个常数，人们就能计算出宇宙的年龄。

根据该数值，科学家推算出这个膨胀着的宇宙年龄约为138亿年。2019年，德国科学家计算出新的哈勃常数为82.4，认为宇宙的年龄约为114亿年。不过，因为测定的天体之间的距离不大相同，不同的科学家所计算出的宇宙年龄差别很大，这个差别大致为100亿～200亿年。不过可以通过测定遥远星系的距

离来解决这一问题，计算出宇宙的年龄。按照这种方法得出的宇宙年龄为80亿~120亿年。

但是，也有很多科学家并不认同这些数值，因为有科学家所计算的宇宙年龄甚至达到了340亿年。不管怎么说，目前人们尚无法得知宇宙的确切年龄。

WHY 你知道吗

哈勃空间望远镜

　　哈勃空间望远镜是以著名天文学家哈勃的名字来命名的、在地球轨道上围绕地球运转的空间望远镜，它由光学部分、科学仪器和辅助系统3大部分组成，重达11吨。哈勃空间望远镜帮助人类观察了数千个星系，不断带给人类新的惊喜。

宇宙的尽头在哪里？

宇宙是没有尽头的。所谓有限的宇宙，是人类用哈勃空间望远镜能观测到的最远星系，距离我们有134亿光年。理论上说，我们能看见宇宙中的"最后一颗恒星"，但这并不意味着"最后一颗恒星"就是宇宙的尽头，134亿光年以外的宇宙对人类而言还是未知数。而科学家们将人类能够观测到的宇宙的范围称作"总星系"。

目前，科学家认为总星系的半径为700亿——800亿光年，这就是科学界当前认为的宇宙大小。但是在700亿——800亿光年以外，可能还是存在无数的星系和星系团。所以，宇宙究竟有多大，它的尽头到底在哪里，人类正在不断地寻找这些问题的答案。

爱因斯坦认为：在宇宙中无数巨大

星系的重力作用下，整个宇宙空间会发生弯曲，最终卷成一个球体，光线沿这个球面空间运动的轨迹也是弯曲的，并且永远到达不了宇宙的尽头。

爱因斯坦曾经"计算"出宇宙的半径为10亿光年，后来又将其修订为35亿光年。事实证明，他所计算的宇宙大小的范围一次又一次地被突破了。

河外星系

今天，人们逐渐认识到在银河系以外还有许多"河外星系"。十几个或几十个星系在一起组成星系群，成百上千个星系组成星系团，而数量不详的星系团又构成了总星系。目前，人们对宇宙的认识只能局限于总星系。

黑洞是吞噬一切的怪物吗？

黑洞附近有着无比强大的引力，会把一切靠近它的物质吸进去。另外，黑洞会发射出宇宙射线，其他所有的外来光线都会在黑洞附近发生扭曲，形成一个光环。所以，黑洞被称为"吞噬一切的

怪物"。

黑洞就是一个体积无限小、密度无限大的天体。科学家研究发现，晚期的恒星能量衰竭之后，放射出的高温火焰无法抗拒重力，逐渐向内聚合进行原子收缩，体积逐渐变小，亮度却越来越惊人，成为白矮星；白矮星继续聚合的话，就会变成一个点，再然后就消失了，一个黑洞从此诞生。

科学家相信大多数星系的中心都有黑洞，包括我们身在其中的银河系。根据相对论，90%的宇宙都消失在黑洞

里。一种更令人吃惊的说法是："无限的黑洞乃宇宙本身。"由于人们是无法直接观测黑洞的，所以科学家只能通过测量黑洞对周围天体的影响和引力作用来推测其存在，但无法了解黑洞的内部结构。

WHY 你知道吗？

白洞

　　白洞目前只是一个理论模型，尚未被证实。科学家推测，白洞与黑洞相反，是一个只发射物质和能量但不吸收物质和能量的特殊天体。甚至有人假设，白洞就是黑洞的出口，进入黑洞的物质会从白洞喷射出来。

银河系是宇宙中的天河吗？

我们看到的银河是许许多多星星组成的银河系的一部分，并不是整个银河系。我们抬头仰望星空时，看到的每一颗星星都属于银河系。就算是地球所处的太阳系，在银河系中也只是普普通通的

yí gè xīng xì ér yǐ
一个星系而已。

yín hé xì shì yí gè jù xíng bàng xuán xīng xì xuán wō
银河系是一个巨型棒旋星系（旋涡

xīng xì de yí lèi zhǔ yào yóu yín hé yín pán hé yín yùn
星系的一类），主要由银核、银盘和银晕

gòu chéng hé qiú yín hé shì yín hé xì de zhōng xīn qū
构成。核球（银核）是银河系的中心区

yù yín hé yǐ wài shì yín pán shì yín hé xì kě jiàn wù zhì
域。银核以外是银盘，是银河系可见物质

de zhǔ yào mì jí bù fen yín pán de wài wéi jiào yín yùn zhè
的主要密集部分。银盘的外围叫银晕，这

lǐ de héng xīng de mì dù hěn dī fēn bù zhe yì xiē yóu lǎo nián
里的恒星的密度很低，分布着一些由老年

héng xīng zǔ chéng de qiú zhuàng xīng tuán děng tiān tǐ yín hé xì zhōng
恒星组成的球状星团等天体。银河系中

的恒星发出的光距离地球很遥远，而这些光的数量又是巨大的，它们与星际尘埃物质混杂在一起，其主体部分正好投影在地球北半球的上空，形成一条亮带，这条亮带看起来就像一条笼罩着烟雾的天河，因此人们就给这条天河起了一个形象的名字——银河，银河系也因此得名。

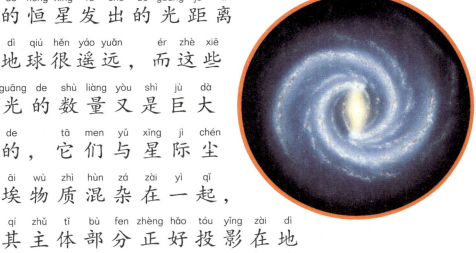

WHY 你知道吗？

旋臂

旋臂是指存在于旋涡星系和棒旋星系的螺线形带状结构，主要由恒星、气体和尘埃物质等组成。科学家发现银河系也有若干条旋臂。银河系的旋臂主要有英仙臂、猎户臂、人马臂、天鹅臂等。而我们所在的太阳系就位于猎户臂中。

宇宙中有多少星系？

星系是宇宙中庞大的恒星"岛屿"，也是宇宙中最大、最美丽的天体系统之一。广义的星系是指由无数的恒星系、尘埃（如星云）组成的天体系统。我们所处的银河系就是一个典型的

包含恒星、气体星际物质、宇宙尘埃和暗物质，并且受到重力束缚的大质量星系。从只有数千万颗恒星的矮星系到拥有

百万亿颗恒星的椭圆星系，全都围绕着质量中心运行。除了单独的恒星和稀薄的星际物质，大部分的星系都有数量庞大的多星系统、星团以及各种不同的星云。

科学家推测宇宙中约有1000亿个星系。

在宇宙大爆炸后，经过了约30万年，宇宙冷却到一定程度，原子形成了，并在引力作用下缓慢地聚集成巨大的纤维状的云，第一代恒星在其中诞

生。10亿年后，氢云和氦云开始在引力作用下集结成团，形成了小型的星系和新恒星，这就是第一代星系。随着云团的成长，星系之间相互碰撞并形成了更大的星系。

WHY? 你知道吗?

星系的颜色

不同的星系，有着不同的颜色，而星系的颜色取决于它内部的恒星的颜色。椭圆星系的颜色偏红，不规则星系的颜色偏蓝，旋涡星系晕中的颜色偏红，盘中带有蓝色。

星云是宇宙中的云彩吗？

星云是一种云雾状的天体，并不是云彩。由于星际物质在宇宙空间的分布并不均匀，在引力的作用下，某

些地方的气体和尘埃可能相互吸引而密集起来，形成云雾状的天体，人们形象地把它们叫作"星云"。

星云的形状多变，体积庞大。在银河系中，星云的体积通常可达方圆几十

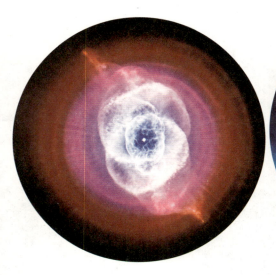

^{guāng nián} ^{àn zhào xíng tài} ^{yín hé xì zhōng de xīng yún kě yǐ}
光年。按照形态，银河系中的星云可以
^{fēn wéi mí màn xīng yún} ^{xíng xīng zhuàng xīng yún děng}
分为弥漫星云、行星状星云等。

^{mí màn xīng yún zhèng rú tā de míng chēng yí yàng} ^{méi yǒu}
弥漫星云正如它的名称一样，没有
^{míng xiǎn de biān jiè} ^{cháng cháng chéng bù guī zé xíng zhuàng} ^{tā men}
明显的边界，常常呈不规则形状。它们
^{zhǔ yào fēn bù zài yín dào miàn fù jìn} ^{bǐ jiào zhù míng de mí màn}
主要分布在银道面附近。比较著名的弥漫
^{xīng yún yǒu mǎ tóu xīng yún} ^{yīng zuǐ xīng yún děng}
星云有马头星云、鹰嘴星云等。

^{xíng xīng zhuàng xīng yún de yàng zi xiàng tǔ chū de yān quān}
行星状星云的样子像吐出的烟圈，
^{zhōng xīn shì kōng de} ^{ér qiě wǎng wǎng yǒu yì kē hěn liàng de}
中心是空的，而且往往有一颗很亮的

恒星。恒星不断向外抛射物质，形成星云。比较著名的行星状星云有天龙座的猫眼星云和天琴座的环状星云。

从天文望远镜中看，星云往往发出璀璨的光芒，虽然星云看起来十分神秘，组成它的物质却是常见的氢、氦、氧和碳等元素，这些元素分布在不同区域，因此星云的不同区域会发出不同颜色的光，如氧元

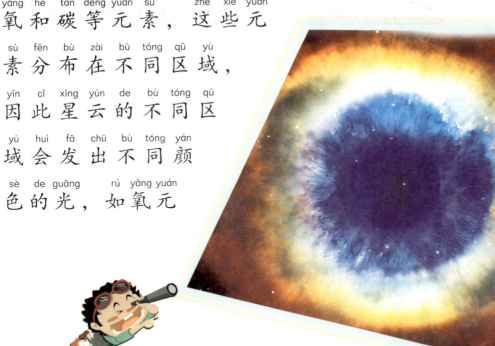

sù huì fā chū lán sè de guāng dàn shì yě cún zài bú huì fā
素会发出蓝色的光。但是，也存在不会发
guāng de àn xīng yún
光的暗星云。

WHY 你知道吗？

星云的命名

一般按照星云所在位置或形状对其命名。比如马头星云是一个暗星云，黑暗的尘埃和旋转的气体组成的形状酷似马的头部，所以被称为马头星云。它是哈佛大学天文台的威廉明娜·弗莱明在 1888 年发现的。

恒星是永恒不变的星星吗？

恒星是一种由引力聚集在一起的会发光的等离子球形天体。在宇宙中有许多恒星，如天狼星、太阳等。宇宙中的恒星也是有大小区别的。最小的恒星直径只有几十千米，最大的红巨星直径是太阳直径的900倍。有的恒星大小还会有变化，有时膨胀，有时收缩。

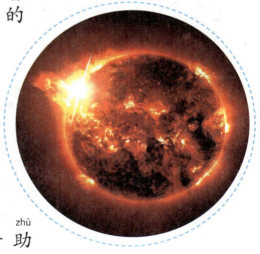

恒星一般离我们比较遥远，不借助

特殊的观测工具和方法，人们很难发现它们在天空中的位置变化。因此，在科技并不发达的古代，人们认为恒星是恒定不动的。除此之外，恒星的生命历程可达到几百万甚至几十亿年，而人类的生命就短暂得多了，所以恒星看起来是永恒不变的。事实上，虽然恒星的一生很长，但是它们各方面的特征都是会变

的。恒星的核心就像一颗大核弹一样，在那里不断地爆炸，这让恒星

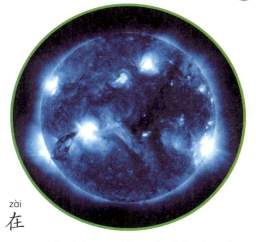

能够发光发热，但在发光发热的同时，恒星也会消耗自身的能量，等能量耗尽，恒星就会变成一颗红巨星。变成红巨星后，它们最终会经历一次大爆炸，变成一颗白矮星或者是中子星，甚至成为黑洞，恒星的一生也就终结了。

WHY 你知道吗？

恒星的寿命

恒星的寿命主要取决于质量。通常，质量越大的恒星，寿命也就越短。质量是太阳的几百倍，甚至数百万倍的特超巨星，寿命仅有几百万年。而那些质量不足太阳的一半的红矮星，寿命往往能达到数亿年甚至数百亿年。

新星和超新星是新诞生的恒星吗？

有时候，遥望星空，你可能会惊奇地发现：在某一星区出现了一颗从来没有见过的明亮的星星。然而仅仅过了几个月

甚至几天，它又消失了。这种奇特的星星叫作新星或者超新星。在古代又被称为"客星"，意思是这是一颗"前来做客"的恒星。人们看见它们突然出现，曾经一

度以为它们是刚刚诞生的恒星，所以为它们取名叫"新星"。

其实，它们不但不是新生的星体，相反，是正走向衰亡并发生爆炸的老年恒星。在爆炸

中，恒星将抛射掉自己大部分的质量，同时释放出巨大的能量。在短短几天内，它们的光度有可能提高几千甚至几百万倍，这样就形成了"新星"。如果恒星的爆发再猛烈些，它们的光度甚至可以提高1亿或几亿倍，这样就形成了"超新星"。

新星或者超新星的爆发是天体演化的重要环节，是老年恒星辉煌的"葬礼"，

yòu shì xīn shēng héng xīng de tuī dòng zhě yì fāng miàn chāo xīn
又是新生恒星的推动者。一方面，超新

xīng de bào fā kě néng huì
星的爆发可能会

yǐn fā fù jìn xīng yún zhōng
引发附近星云中

wú shù kē héng xīng de dàn
无数颗恒星的诞

shēng lìng yì fāng miàn
生。另一方面，

xīn xīng hé chāo xīn xīng bào
新星和超新星爆

fā suǒ chǎn shēng de zhòng yuán sù shì xíng chéng bié de tiān tǐ de
发所产生的重元素，是形成别的天体的

zhòng yào cái liào
重要材料。

WHY 你知道吗？

超新星的命名

　　人们在发现超新星时都会给它命名，超新星的名字是由发现的年份和一到两个字母组成的，一年中最先发现的26颗超新星会用从 A 到 Z 的大写字母命名，如超新星 1987A 就是人们在 1987 年发现的第一颗超新星。

为什么星星不会掉下来？

星星不会掉下来是因为引力的存在，而且行星围绕太阳运转和卫星围绕行星运转，以及地球上发生的潮汐现象也都是因为引力。

引力的大小跟两个物体之间的质量

chéng jī chéng zhèng bǐ gēn tā men de jù lí de èr cì fāng chéng
乘积成正比，跟它们的距离的二次方成

fǎn bǐ zhè jiù shì wàn yǒu yǐn lì dìng lù zài yǔ zhòu zhōng
反比，这就是万有引力定律。在宇宙中，

suǒ yǒu wù tǐ zhī jiān dōu cún zài zhe yì zhǒng xiāng hù de xī yǐn
所有物体之间都存在着一种相互的吸引

lì zhè zhǒng xī yǐn lì bǎ tiān shàng de xīng xing dōu lā zài le
力，这种吸引力，把天上的星星都拉在了

yì qǐ
一起。

yóu yú tiān shàng de xīng xing hěn duō hěn duō xī yǐn
由于天上的星星很多很多，吸引

lì jiù xiàng dà shǒu yí yàng sì miàn bā fāng hù xiāng lā zhe
力就像大手一样四面八方互相拉着，

而星星所受不同方向的万有引力是平衡的，所以天上的星星不会掉下来。

另外，太阳系里的行星在太阳的引力作用下，都按自己的轨道绕着太阳运行，它们根本无法擅自离开自己的轨道，所以彼此之间也不会相撞。

WHY 你知道吗？

地球上也有引力

地球上的物体，包括我们人类都有自己的重量，这是因为地球上的物体会受到地球引力的作用，并且任何两个物体之间都存在引力，只不过这种引力相对于地球引力来说，可以忽略不计。

"天外来客" 流星来自哪里？

星际空间分布着许多细小的物体和尘粒，被称为流星体，主要成分是二氧化硅（也就是普通岩石），还有少数的铁和镍等。它们飞入地球大气层，跟大气摩

擦产生了光和热，最后

燃尽成为一束光，通常

所说的流星是指这种短

时间发光的流星体。大部

分流星体都非常小，重量在1克

以下，跟沙粒差不多。质量较大的流星体

陨落时会非常明亮，并发出声响，留下

云雾状的长带（流星余迹），被称为火

流星。少数流星体在穿过大气层时没有

燃尽，而是落到了地球上，就是陨星，陨

星中含石量大的被称为陨石，含铁量大

的则被称为陨铁。

当彗星接近太阳时，太阳辐射的热

量和强大的引力会使彗星一点一点地解体，并在自己的轨道上留下许多气体和尘埃颗粒。如果彗星与地球轨道有交点，那么这些物质就会被遗留在地球轨道上，当地球运行到

这个区域的时候，就会产生流星雨。狮子座流星雨被称为流星雨之王，1833年的狮子座流星雨持续了6~7个小时，流星总数达数十万颗。

WHY 你知道吗？

陨石雨

大的陨石在降落过程中会发生爆炸，碎裂成很多大小不一的陨石，这些陨石像雨点般倾泻到地面上，就形成了陨石雨。严重的陨石雨撞击地面会形成陨石坑，还会对人畜造成伤害。

太阳真的是一个大火球吗？

太阳如一团熊熊燃烧的火焰，给人类带来光明与温暖。地球上一切活动的能量，几乎都源自太阳，如果没有太阳，黑暗、严寒会吞噬整个地球，我们的美丽家园将变成死寂的世界。那么太阳

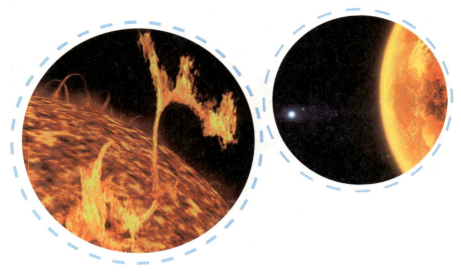

shì zěn me xíng chéng de ne　　tā wèi shén me shì gè dà huǒ qiú
是怎么形成的呢？它为什么是个大火球

ne　　zài yǔ zhòu dà bào zhà zhī hòu　　bào zhà fēi jiàn de wù zhì
呢？在宇宙大爆炸之后，爆炸飞溅的物质

jù lǒng zài yì qǐ　　jiù xíng chéng le tài yáng zhè kē héng xīng
聚拢在一起，就形成了太阳这颗恒星。

tā de zhí jìng yuē wéi　　　　wàn qiān mǐ　　yóu　　duō zhǒng wù
它的直径约为139万千米，由70多种物

zhì yuán sù gòu chéng　　qí zhōng zuì duō de shì qīng　　zhàn dào zǒng
质元素构成，其中最多的是氢，占到总

liàng de　　　　　　qí yú hái yǒu yǎng　　dàn　　tóng　　tiě
量的71.3%，其余还有氧、氮、铜、铁、

lǚ děng　　zài jù dà de yā lì xià　　　qīng qì chǎn shēng rè hé
铝等。在巨大的压力下，氢气产生热核

fǎn yìng　　jù biàn wéi hài qì　　zhè yí guò chéng zhōng huì shì fàng
反应，聚变为氦气，这一过程中会释放

出极大的热量，所以太阳的温度很高，中心可达1500万摄氏度到2000万摄氏度，是个名副其实的大火球。

每一分钟，地球上每平方厘米的土地可以接收到2卡路里的太阳热量；以此类推，整个地球每分钟接收到的太阳热量相当于4亿吨煤燃烧的全部热量，比整个世界的发电量总和高出好几万倍。

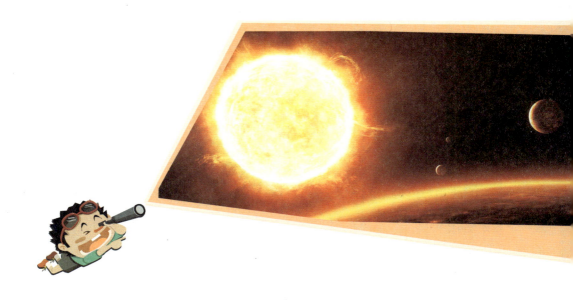

尽管如此，输送到地球的热量还仅仅是太阳辐射总能量的二十二亿分之一，可见太阳的能量有多么惊人。

四季的产生

地球不停地绕着太阳公转，这样一来阳光直射在地球表面的位置就会不断变动，每个地方接收到的热量也随之发生变化，天气的冷暖也因为这种变化不停更替，春夏秋冬四个季节就出现了。

太阳系是一个怎样的天体系统？

太阳系是由太阳、行星及其卫星、矮行星、小行星、彗星、流星体和星际物质构成的天体系统，太阳是太阳系的中心。科学家推测太阳系大约诞生于46亿年前，再过50亿年左右，太阳中的氢元素就会燃尽，太阳将会变成白矮星，太阳系的命运也会发生巨大的变化。在

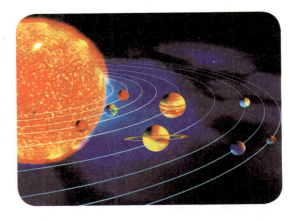

庞大的太阳系家族中，太阳的质量占总质量的99％，八大行星以及数以万计的小行星所占比例微乎其微。它们沿着自己的轨道永不停息地绕太阳运转着，同时，太阳也在不断绕着银河系的中心旋转，大约每2.5亿年旋转一圈。

太阳系的8颗行星中，离太阳最近的是水星，向外依次是金星、地球、火星、木星、土星、天王星、海王星。八大行

xīng tǐ jī yóu dà dào xiǎo pái xù wéi mù xīng tǔ xīng tiān
星体积由大到小排序为木星、土星、天

wáng xīng hǎi wáng xīng dì qiú
王星、海王星、地球、

jīn xīng huǒ xīng shuǐ xīng rén
金星、火星、水星。人

men yòu bǎ tā men àn zhì liàng tǐ
们又把它们按质量、体

jī huà xué chéng fèn yǐ jí hé tài
积、化学成分以及和太

yáng zhī jiān de jù lí děng biāo zhǔn fēn wéi
阳之间的距离等标准分为

lèi lèi dì xíng xīng shuǐ xīng jīn xīng dì qiú huǒ
3类：类地行星（水星、金星、地球、火

xīng jù xíng xīng mù xīng tǔ xīng yuǎn rì xíng xīng
星），巨行星（木星、土星），远日行星

tiān wáng xīng hǎi wáng xīng
（天王星、海王星）。

WHY 你知道吗？

冥王星为何被踢出九大行星？

行星通常指自身不发光，环绕恒星运转的天体。冥王星被发现后，一开始被列入"九大行星"。后来发现冥王星的体积非常小，轨道也与海王星的轨道相交，不再符合行星的新定义，于是2006年被国际天文联合会降格为矮行星。

日食是如何发生的？

所谓"食"就是指一个天体被另一个天体或其黑影全部或部分遮掩的天文景象。只有当月球运行到地球和太阳之间，3个星球处在一条直线或接近一条直线时，才会出现日食现象。日食发生时，月球会挡住太阳射向地球的光，月球身后的黑影正好落在地球上，而位于黑影区的人看到的太阳就失去了光辉。日食可以分为3

种：如果月球挡住了太阳的全部，叫日全食；如果挡住了其中的一部分，叫日偏食；如果挡住了正中央，则形成日环食。但是由于月球的体积比较小，无论日全食、日偏食还是日环食，持续时间都是很短暂的。

发生日全食时，会出现很壮观的日冕现象。在淡红色的色球外沿，可以看到包围着圆形日影的银白色光亮的冠状物，它是在月球挡住日光

<ruby>时<rt>shí</rt></ruby>，<ruby>蔓<rt>màn</rt></ruby><ruby>延<rt>yán</rt></ruby><ruby>在<rt>zài</rt></ruby><ruby>太<rt>tài</rt></ruby><ruby>阳<rt>yáng</rt></ruby><ruby>外<rt>wài</rt></ruby><ruby>侧<rt>cè</rt></ruby><ruby>的<rt>de</rt></ruby><ruby>极<rt>jí</rt></ruby><ruby>稀<rt>xī</rt></ruby><ruby>薄<rt>bó</rt></ruby><ruby>的<rt>de</rt></ruby><ruby>气<rt>qì</rt></ruby><ruby>体<rt>tǐ</rt></ruby><ruby>造<rt>zào</rt></ruby>

<ruby>成<rt>chéng</rt></ruby><ruby>的<rt>de</rt></ruby>，<ruby>就<rt>jiù</rt></ruby><ruby>像<rt>xiàng</rt></ruby><ruby>太<rt>tài</rt></ruby><ruby>阳<rt>yáng</rt></ruby><ruby>戴<rt>dài</rt></ruby><ruby>了<rt>le</rt></ruby><ruby>一<rt>yì</rt></ruby><ruby>顶<rt>dǐng</rt></ruby><ruby>五<rt>wǔ</rt></ruby><ruby>彩<rt>cǎi</rt></ruby><ruby>帽<rt>mào</rt></ruby><ruby>子<rt>zi</rt></ruby>。

WHY? 你知道吗？

月食

当地球运行到月球和太阳之间时，太阳光正好被地球挡住，地球在背着太阳的方向会出现一条阴影，即地影。地影分为本影和半影，本影是指没有受到太阳光直射的地方，而半影则指受到部分太阳直射的地方。月球在环绕地球运行过程中有时会进入地影，就会发生月食现象。当整个月球都进入本影时，就会发生月全食；如果只是一部分进入本影时，则发生月偏食。

月球上是什么样子的？

站在地球上看月球，我们看到的是一个温柔、皎洁的银色世界，想象美丽的嫦娥抱着玉兔生活在那里。然而，宇航员踏上月球后，不仅看不到嫦娥，

而且发现月球表面既没有大气层，也没有水分，更不要说鸟语花香的生命世界了。月球地形主要有低洼的平原（月海）、高地（月陆）以及山脉等。最有特色的则是大大小小的

圆形凹坑，被称为月坑，又被称作环形山。环形山构造复杂，种类繁多，大小不一，其直径相差很大，小的只有几十厘米或更小，大的可达上百米。最大的环形山是月球南极附近的贝利环形山，直径达295千米。

月球上还能看到一些暗色的大裂缝，弯弯曲曲，绵延数百千米，宽几千米甚至数十千米。这些大裂缝看起来就像

地球上的沟谷一样，因此，较宽的被称为月谷，较细长的被称为月溪。

另外，由于没有大气的保护，月球表面被太阳照射到的地方，温度高达120℃；没有被太阳照射到的地方，温度则为 -150℃。月球的自转速度非常慢，转一周需要27.3天，所以在月亮上的一天要比在地球上长得多。

WHY 你知道吗？

登月第一人

1969年7月，美国宇航员阿姆斯特朗、奥尔德林和科林斯乘坐"阿波罗11号"飞船飞向月球。美国东部时间7月20日16点17分，阿姆斯特朗率先登上月球，成为第一个登上月球并在月球上行走的人。

月亮为什么会有阴晴圆缺？

"人有悲欢离合，月有阴晴圆缺。"天文学上把月亮盈亏的变化称为"月相"。月亮为什么会有这种变化呢？月

亮本身不会发光，靠反射太阳光而发亮。这就意味着月亮只有被太阳照射到的部分才明亮，未被太阳照射到的部分一片黑暗。月球总是环绕地球运行，这样就使太阳、地球和月亮的相对位置以一定规律变化着。因为这种

变化，月亮上明亮的部分时而正对着地球，时而侧对着地球，时而又背对着地球，这样月亮就出现了圆缺的变化，呈现出不同的形状。

阴历每月初一左右，月亮运动至地球、太阳中间，明亮的部分恰好背对地球，人们无法看到它，这时的月相被称为"新月"。随着月亮的运行，我们在地球上看到的弯弯的月牙，叫作"蛾眉月"。到了阴历初八左右，人们看到的是半月，这时为"上弦月"。之后，月亮越来越

yuán圆，bèi chēng wéi被称为"tū yuè凸月"。dào le yīn lì shí wǔ zuǒ到了阴历十五左yòu右，yuè liang míng liàng de yí miàn zhèng duì zhe dì qiú rén men月亮明亮的一面正对着地球，人们huì kàn dào yì lún yuán yuán de yuè liang zhè shí de yuè xiàng jiào会看到一轮圆圆的月亮，这时的月相叫zuò mǎn yuè作"满月"。

WHY 你知道吗

月朔和月望

从一个满月到下一个满月，大约要经历29.5天，这叫作朔望月。一般农历每个月的初一是朔，朔之后经历半个月的时间，到达满月的时候就是望。我国农历的天数就是根据朔望月制定的。

大气层是地球的保护伞吗？

由于地球引力的作用，原始大气聚集在地球周围，主要成分是二氧化碳、一氧化碳、氧气和氨气，这种大气令人类无法生存。植物形成后，经过漫长的演化过程，适合生物呼吸的大气形成了，并大量聚集在地球周围，形成数千千米的大气层。

现在的大气层包含着多种气体：78%的氮气、21%的氧气、0.93%的氩气、0.03%的二氧化碳、

0.0018% 的氖气，此外还有部分水汽和尘埃等。整个大气层随高度不同有着截然不同的特点，可以分为对流层、平流层、中间层、暖层和散逸层，此外，还有比较特殊的臭氧层和电离层。大气层之外就是星际空间。

在高空中，气体的密度随高度的增加而变得越来越稀薄，但是探空火箭在3000千米的高空中仍发现了稀薄的大气。甚至有科学家认为，大气层最高可能延伸到离地面6500千米左右的地方。

太空中飘浮着无数的小行星、陨石和彗星，这些不速之客随时都可能

^{zhuàng xiàng dì qiú} ^{ér dì qiú yǒu le hòu hòu de dà qì céng zhī}
撞 向 地 球 。 而 地 球 有 了 厚 厚 的 大 气 层 之

^{hòu} ^{jiù xiàng dǎ le yì bǎ bǎo hù sǎn} ^{shǐ de zhè xiē bú sù}
后 , 就 像 打 了 一 把 保 护 伞 , 使 得 这 些 不 速

^{zhī kè zài dà qì céng zhōng mó cā shēng rè bìng bèi shāo huǐ} ^{tóng}
之 客 在 大 气 层 中 摩 擦 生 热 并 被 烧 毁 。 同

^{shí} ^{yǔ zhòu zhōng xǔ duō yǒu hài shè xiàn yě huì bèi dǎng zhù}
时 , 宇 宙 中 许 多 有 害 射 线 也 会 被 挡 住 ,

^{hái néng shǐ dì qiú bǎo chí shì yí de wēn dù}
还 能 使 地 球 保 持 适 宜 的 温 度 。

WHY 你知道吗?

陨石撞击

在 6500 万年前，有一个直径大约 10 千米的星体冲向了墨西哥尤卡坦半岛，顶端处撞出了一个直径近 200 千米的大坑，粉尘、气浪直冲云霄，遮天蔽日，有科学家说是它导致了 60% 的生物种类灭绝。

地球的内部结构是什么样的?
dì qiú de nèi bù jié gòu shì shén me yàng de

在大约46亿年前，地球还只是一些
zài dà yuē yì nián qián dì qiú hái zhǐ shì yì xiē

气体和尘埃，在重力的影响下，凝固成
qì tǐ hé chén āi zài zhòng lì de yǐng xiǎng xià níng gù chéng

一个固态的球体，这就是一开始的地球，
yí gè gù tài de qiú tǐ zhè jiù shì yì kāi shǐ de dì qiú

跟现在大不一样。之后，地壳不断发生
gēn xiàn zài dà bù yí yàng zhī hòu dì qiào bú duàn fā shēng

剧烈的运动，岩石、海洋、大气层逐渐形成了，在大约2亿年前就成了现在的样子。

地球内部是什么样子的呢？科学家们通常利用地震波的传播情况来判断地球内部的情况。根据科学考察，地球的内部构造大致可分为三层。

在我们生活的地表下面，是地球凹凸不平的外壳，叫作地壳。地壳的平均厚度为17千米，大陆部分厚度大，海洋部分厚度小。

地球内部中间的一层叫地幔，厚度约为2900千米。地幔的上部是温度较

低的固体物质，地幔下部叫作软流圈，里面有像泥浆一样的物质，叫作岩浆。

地球最里面的一层叫作地核，压力很高，平均厚度为3400千米左右。一般认为，地核有外核与内核。外核可能是液态物质，内核可能是固态物质。

WHY 你知道吗？

地球是圆的吗？

地球是一个球体，但它并不是一个正圆的球体，而是一个两极有些扁、赤道部分稍微鼓起的不规则球体。不过，地球的形状并不是完全不变的，由于地球内部的种种变化，地球的半径相比诞生之初，已经有所增加。

地球上有哪些"居民"？

在浩瀚的宇宙中，地球不仅是最美丽的星球，而且是目前已知的唯一一颗生机盎然的星球。这颗星球上，有各种可爱的"居民"。

达尔文的进化论指出，人类是由古猿发展演化而来的。人类能制造并合理使用工具，是地球上最高级的生物。人类的出现，让地球环境

fā shēng le jù dà biàn huà
发 生 了 巨 大 变 化 。

dòng wù shì shēng wù
动 物 是 生 物

de yí gè dà lèi zì shēn
的 一 个 大 类 ， 自 身

bù néng zhì zào yǎng fèn duō
不 能 制 造 养 分 ， 多

yǐ yǒu jī wù wéi shí liào
以 有 机 物 为 食 料 ，

yǒu shén jīng yǒu gǎn jué
有 神 经 ， 有 感 觉 ，

néng yùn dòng
能 运 动 。

dì qiú shàng de zhí wù xíng tài gè yì xuàn lì duō
地 球 上 的 植 物 形 态 各 异 、 绚 丽 多

cǎi fēn bù zài dì qiú de gè gè jiǎo luò bìng tōng guò zì shēn
彩 ， 分 布 在 地 球 的 各 个 角 落 ， 并 通 过 自 身

de guāng hé zuò yòng zhì zào néng liàng yǎng liào shì fàng chū yǎng
的 光 合 作 用 制 造 能 量 、 养 料 , 释 放 出 氧

qì wèi dì qiú shàng de rén lèi hé dòng wù tí gōng shí wù
气 , 为 地 球 上 的 人 类 和 动 物 提 供 食 物 。

yuán shēng dòng wù xì jūn bìng dú děng tè bié xiǎo de
原 生 动 物 、 细 菌 、 病 毒 等 特 别 小 的

shēng wù yīn wèi ròu yǎn kàn bú dào suǒ yǐ bèi tǒng chēng wéi
生 物 , 因 为 肉 眼 看 不 到 , 所 以 被 统 称 为

wēi shēng wù tā men yě shì shēng wù de yí lèi
微 生 物 , 它 们 也 是 生 物 的 一 类 。

WHY 你知道吗？

进化论

　　进化论是达尔文在1859年出版的《物种起源》中阐述的理论，奠定了现代生物学的基础。

平原与高原有什么区别？

地球表面未被海水淹没的部分，被统称为陆地。在陆地上，有各种不同的地貌，地面较平坦的有平原和高原，它们有什么区别呢？

高原和平原都比较平坦，它们的样子比较像，最大的区别就是海拔不同。

píng yuán shì zhǐ qǐ fú jí xiǎo hǎi bá jiào dī de guǎng
平原是指起伏极小、海拔较低的广

kuò píng dì　　píng yuán wèi rén lèi shēng cún tí gōng le yōu yuè de
阔平地。平原为人类生存提供了优越的

zì rán tiáo jiàn　　tōng cháng rén kǒu mì jí　jīng jì fā dá
自然条件。通常人口密集、经济发达、

gōng nóng yè jí zhōng de dài chéng shì duō chū xiàn zài píng yuán
工农业集中的大城市多出现在平原。

gāo yuán shì zhǐ hǎi bá jiào gāo　　dì xíng qǐ fú jiào xiǎo
高原是指海拔较高、地形起伏较小

de dà piàn píng dì　　tōng cháng hǎi bá zài　　mǐ yǐ shàng
的大片平地，通常海拔在1000米以上。

gāo yuán de biān yuán wǎng wǎng yǒu xuán yá qiào bì
高原的边缘往往有悬崖峭壁。

àn zhào chéng yīn de bù tóng　　píng yuán kě fēn wéi duī jī
按照成因的不同，平原可分为堆积

<ruby>平<rt>píng</rt></ruby><ruby>原<rt>yuán</rt></ruby>、<ruby>侵<rt>qīn</rt></ruby><ruby>蚀<rt>shí</rt></ruby><ruby>平<rt>píng</rt></ruby><ruby>原<rt>yuán</rt></ruby><ruby>和<rt>hé</rt></ruby><ruby>构<rt>gòu</rt></ruby><ruby>造<rt>zào</rt></ruby><ruby>平<rt>píng</rt></ruby><ruby>原<rt>yuán</rt></ruby>，<ruby>高<rt>gāo</rt></ruby><ruby>原<rt>yuán</rt></ruby><ruby>可<rt>kě</rt></ruby><ruby>分<rt>fēn</rt></ruby><ruby>为<rt>wéi</rt></ruby>

<ruby>熔<rt>róng</rt></ruby><ruby>岩<rt>yán</rt></ruby><ruby>高<rt>gāo</rt></ruby><ruby>原<rt>yuán</rt></ruby>、<ruby>剥<rt>bō</rt></ruby><ruby>蚀<rt>shí</rt></ruby><ruby>高<rt>gāo</rt></ruby><ruby>原<rt>yuán</rt></ruby>、<ruby>剥<rt>bō</rt></ruby><ruby>蚀<rt>shí</rt></ruby><ruby>堆<rt>duī</rt></ruby><ruby>积<rt>jī</rt></ruby><ruby>高<rt>gāo</rt></ruby><ruby>原<rt>yuán</rt></ruby><ruby>和<rt>hé</rt></ruby><ruby>破<rt>pò</rt></ruby>

<ruby>碎<rt>suì</rt></ruby><ruby>高<rt>gāo</rt></ruby><ruby>原<rt>yuán</rt></ruby><ruby>等<rt>děng</rt></ruby>。

 WHY 你知道吗？

中国有哪些平原和高原？

　　我国有四大平原和四大高原。四大平原包括东北平原、华北平原、长江中下游平原和关中平原，四大高原包括青藏高原、内蒙古高原、黄土高原和云贵高原。

山脉和丘陵有什么不同？

地壳运动时，往往会发生断裂，在断裂两侧，有的平原逐渐隆起，形成高山；有的平原逐渐低陷，沉到海里；地壳中的一些薄弱地带往往会发生褶皱，隆起时变成绵亘的山脉。崇山峻岭之所以具有现在的形态，是经过河水、冰川以及大自然的各种力量加工而成的。

众多高大雄伟的山脉按照不同走向构成了陆地的"骨架"。另外，地球上还有很多延绵的丘陵，丘陵算是山的"亲属"，但不是山。

山是指陆地表面坡度较陡、高度较大的隆起地貌。

山脉是由若干条山岭和山谷组成的，沿着一定方向延伸的山体，因形状像脉而得名。

丘陵是指连绵成片的小山。丘陵的坡较缓，海拔在200米以上，500米以下。

山地有明显的脉络和自己的气候带，

随着高度的增加，气温会随之降低。而丘陵通常没有明显的脉络，它们是山地久经侵蚀的结果。

中国丘陵地形主要分布在东部地区，自北向南主要有辽东丘陵、山东丘陵、东南丘陵。

WHY 你知道吗？

世界上最长的山脉

世界上最长的山脉是南美洲的安第斯山脉。安第斯山脉南北绵延约9000千米，北起特立尼达岛，南至火地岛，跨越了委内瑞拉、哥伦比亚、厄瓜多尔、秘鲁、玻利维亚、阿根廷、智利7个国家。

海和洋有什么区别？
hǎi hé yáng yǒu shén me qū bié

海洋是地球表面除陆地水以外的水体
hǎi yáng shì dì qiú biǎo miàn chú lù dì shuǐ yǐ wài de shuǐ tǐ

的总称。"海"和"洋"就地理位置和自
de zǒng chēng　　hǎi　　hé　　yáng　　jiù dì lǐ wèi zhì hé zì

然条件来说，是海洋大家庭中的不同成
rán tiáo jiàn lái shuō　　shì hǎi yáng dà jiā tíng zhōng de bù tóng chéng

员。"洋"指海洋的中心部分，是海洋的
yuán　　yáng　　zhǐ hǎi yáng de zhōng xīn bù fen　　shì hǎi yáng de

主体，面积大，深度深。另外，洋的水温
zhǔ tǐ　　miàn jī dà　　shēn dù shēn　　lìng wài　　yáng de shuǐ wēn

和盐度比较稳定，受大陆的影响较小，又
he yán dù bǐ jiào wěn dìng　　shòu dà lù de yǐng xiǎng jiào xiǎo　　yòu

yǒu dú lì de cháo xī xì tǒng hé wán zhěng de yáng liú xì tǒng　sè
有独立的潮汐系统和完整的洋流系统，色

dù jiào gāo　duō chéng lán sè　qiě
度较高，多呈蓝色，且

shuǐ tǐ de tòu míng dù jiào gāo
水体的透明度较高。

hǎi　zé shì yáng de biān yuán
"海"则是洋的边缘

bù fen　miàn jī xiǎo　shēn dù
部分，面积小，深度

qiǎn　shuǐ sè dī　tòu míng dù
浅，水色低，透明度

dī　shòu dà lù de yǐng xiǎng jiào dà
低，受大陆的影响较大，

shuǐ wén yào sù de jì dù biàn huà bǐ jiào míng xiǎn　méi yǒu dú
水文要素的季度变化比较明显，没有独

lì de cháo xī xì tǒng　cháng shòu dà lù zhī pèi　dàn cháo chā yì
立的潮汐系统，常受大陆支配，但潮差一

bān bǐ yáng xiǎn zhù　kě yǐ zhè me shuō　yáng　yóu rú dì
般比洋显著。可以这么说，"洋"犹如地

qiú shuǐ yù de qū gàn　hǎi　zé shì tā de zhī tǐ
球水域的躯干，"海"则是它的肢体。

quán qiú hǎi yáng yì bān bèi fēn wéi wǔ gè dà yáng　tài
全球海洋一般被分为五个大洋（太

píng yáng　yìn dù yáng　dà xī yáng　běi bīng yáng hé nán bīng
平洋、印度洋、大西洋、北冰洋和南冰

yáng　he miàn jī jiào xiǎo de hǎi　nán bīng yáng yòu bèi chēng zuò
洋）和面积较小的海。南冰洋又被称作

nán jí hǎi　shì shì jiè dì wǔ gè bèi què dìng de dà yáng　wán
南极海，是世界第五个被确定的大洋，完

全环绕南极洲。传统上，南冰洋曾被分为三部分，分别隶属三大洋（太平洋、印度洋、大西洋）。重要的边缘海多分布于北半球，它们部分被大陆或岛屿包围，如地中海、加勒比海、白令海、黄海、东海和日本海。

WHY 你知道吗？

海水为什么是蓝色的？

这是由于阳光射入海水时，波长较长的光容易透射进海水中，波长较短的蓝光和紫光穿透力差，容易产生反射和散射，到达我们的眼睛中。我们对紫光不敏感，而对蓝光比较敏感，于是海水看起来就是蓝色的了。

hé liú hú pō shì zěn me xíng chéng de
河流湖泊是怎么形成的？

tiān shàng de yǔ shuǐ luò dào dì miàn xíng chéng xiǎo xī
天上的雨水落到地面，形成小溪，

xiǎo xī lǐ de shuǐ yào xiàng dī chù liú tǎng shuǐ de tè xìng jiù shì
小溪里的水要向低处流淌。水的特性就是

cóng gāo chù liú xiàng dī chù zài liú tǎng de guò chéng zhōng bú
从高处流向低处。在流淌的过程中，不

duàn yǒu huǒ bàn jiā rù shuǐ liàng jiā dà xíng chéng xiǎo
断有"伙伴"加入，水量加大，形成小

hé xiǎo hé jì xù xiàng dī chù liú jiù zhè yàng jiān chí
河。小河继续向低处流，就这样，坚持

bú xiè de xiàng qián bēn liú yǒng bù mǎn zú de xī shōu xīn
不懈地向前奔流，永不满足地吸收"新

huǒ bàn jiù xíng chéng le dà hé dà jiāng rú guǒ yù
伙伴"，就形成了大河、大江。如果遇

到大片的低洼地，便在低洼地集聚，形成湖泊。集满湖泊后又会继续向前流，一直流到大海。

尼罗河是世界上最长的河流，全长约为6671千米。尼罗河流经非洲东部和北部多个国家，最后汇入地中海。尼罗河有两条主要的支流，一条是发源于中非山区的白尼罗河，一条是发源于埃塞俄比亚高地的青尼罗河。

世界上最大的湖泊为里海，位于亚洲和欧洲交界处。里海明明是个湖泊，为什么叫它"海"呢？这是因为里海水面辽阔，经常出现狂风恶浪，犹如大海波涛；其次，因为里海的水是咸的，有许多水生动植物和海洋生物类似，并且在地质历史时期，里海曾与黑海、地中海相通，后来由于地壳变动，与大海分开，才形成湖泊。因此，人们称其为"里海"。

内流河与外流河

每一条河流的发源地都不相同，但是无论发源地如何，一般都将河流分为内流河和外流河。流向内陆湖泊或是消失在沙漠中的河流被称作内流河，流向大海的河流则被称作外流河。由此可见，并不是所有的河流最终都会流入大海。

风是从哪里吹来的？

风是一种由太阳辐射热引起的自然现象，并不是风婆婆吹出来的。当阳光照射地面时，地表的温度升高而导致地表空气受热上升。热空气上升后，冷空气就下降，上升的空气遇冷又逐渐下

72

降，然后又受热升空，这样空气的流动就产生了风。空气流动得越快，风就越大。当气流在流动过程中遇到高楼的阻挡，会被迫改变方向。一些流动不快的气流，在通过高楼之间狭窄的通道时，速度会加快。这样，通过高楼通道的风要比别处大得多，而且没有规律。

风能均衡地球表面的温度，不使某个区域温度过高或过低，有利于人类的生活、植物的生长、动物的生存；风可

以带来天上的云，造成降雨，滋润大地；风能吹散空气中的脏东西，净化空气；此外，人们可以借助风力发电，为人们提供清洁的能源；等等。不过，暴风会刮倒树木，造成沙尘暴，需要加以防范。

WHY? 你知道吗？

台风和飓风

台风和飓风都是指风速达到12级及以上的热带气旋，只因发生的地域不同，才有了不同的名称。在大西洋西部叫飓风，在太平洋西部和南海叫台风。它们的形成主要是因为热带海洋的水面不断升温并受到地球旋转的影响。

彩虹是谁画出来的？

色彩斑斓的彩虹一般出现在夏季阵雨后，这是正常的自然现象。它是飘浮在空中的小水滴反射、折射阳光而形成的。大雨过后，天空中飘浮着许多小水珠，太阳光经过这些水珠时，前进的方向就会发生偏差，太阳光被

分解成红、橙、黄、绿、蓝、靛、紫七色光带，然后再反射回来。这时，如果

yǒu rén zhàn zài tài yáng hé yǔ dī xíng chéng de "yǔ mù" zhī
有人站在太阳和雨滴形成的"雨幕"之

jiān jiù huì kàn dào yì tiáo sè cǎi bān lán de cǎi hóng bìng bú
间，就会看到一条色彩斑斓的彩虹。并不

shì měi cì zhèn yǔ hòu dōu huì yǒu cǎi hóng chū xiàn kōng zhōng de
是每次阵雨后都会有彩虹出现，空中的

shuǐ dī yào zú gòu duō shí cái néng xíng chéng cǎi hóng ér qiě cǎi
水滴要足够多时才能形成彩虹，而且彩

hóng yí dìng shì zài yǔ tài yáng xiāng fǎn de fāng xiàng cái néng bèi wǒ
虹一定是在与太阳相反的方向才能被我

men kàn dào zhè shí tā yǔ tài yáng guāng de jiǎo dù zài dù
们看到，这时它与太阳光的角度在42度

zuǒ yòu yǔ rén yǎn de jiǎo dù yě shì dù zuǒ yòu
左右，与人眼的角度也是42度左右。

zài wǒ men de yǎn zhōng cǎi hóng wān wān de xiàng yí zuò
在我们的眼中，彩虹弯弯的，像一座

桥，但实际上，彩虹是圆环形的，只是因为地平线的阻隔及折射角度的问题，我们通常只能看到彩虹的一部分。如果坐在高空的飞机上，就能看到完整的彩虹。

WHY 你知道吗？

彩虹最常出现的季节

通常情况下，夏天的气温比较高，空气湿度大，常常会下阵雨，空气中比较容易悬浮小水滴，所以出太阳的时候比较容易看到彩虹。而冬天比较干燥，很少下阵雨，所以彩虹出现的机会比较少。

海水为什么有涨有落？

海水的涨落与月亮和太阳对海水的吸引力有关。地球上面对月亮一侧的海水受到引力作用，会出现涨潮现象；背对月亮一侧的海水因为地球自转的离心力的作用，也会形成涨潮。而与这条轴心垂直的地方，就会出现退潮的现象。潮水的大小与太阳有着密切的关系。当太阳、月亮分别在地球的两侧时，太阳和月亮对地球的吸引力会叠加在

一起，这时就会出现大潮；当太阳、月亮与地球的位置呈三角形，即月相为上弦或下弦的时候，太阳会将月亮一半的吸引力抵消，这时出现的就是小潮。

潮涨潮落，每天都会发生。涨潮时，海水就会淹没大片的海滩；落潮时，大片的海滩又会露出来。古时人们把白天发生的涨潮叫作"潮"，晚上发生的涨潮叫作"汐"。地球上绝大部分地方的海水，每天总有两次涨潮和落潮，这种

潮被称为"半日潮"。而有一些地方，由于地区性原因，在一天内只有一次潮起潮落，这种潮被称为"全日潮"。

潮汐不仅可供人们观赏，它还能用来发电，而且与

煤、石油等燃料相比，潮汐不会排出大量的废气和废物，污染极少，是一种宝贵的绿色能源。

WHY 你知道吗

为什么海水不会溢出来？

地球上的水受到蒸发作用，进入天空形成了云，云又变成雨、雪等降到地球上，水在流向江河湖泊及大海的过程中，又被蒸发了一部分，如此反复。所以，即便江河的水流向大海，海水也不会溢出来。

沙漠中的沙子是从哪里来的？

干旱和风是形成沙漠的两个主要原因。沙漠地区白天光照强烈，气温很高，而夜间气温急骤下降。岩石长期遭受昼夜不息的热胀冷缩，于是像蜕壳一样不断被剥落，而风化的石块又一步步地被粉碎成

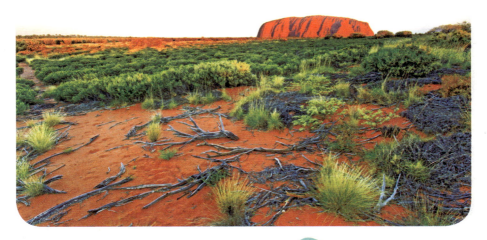

沙粒，狂风把沙粒吹跑，堆积成一个个沙丘，铺盖在整个地面上，就形成了沙漠。当沙尘被大风吹走后，便仅留砾石覆盖着地面的大漠，这种没有细沙粒的大漠叫作戈壁。另外，人类滥伐森林、破坏草原，使土地表面失去植物的掩盖，也是沙漠形成的重要原因。

土地沙漠化指因为气候变化或人类不合理的经济活动等因素，使原本可以很好地生长植物的土地发生了退化。土

地沙漠化有自然原因和人为原因两种，其中自然原因主要是干旱的气候条件，人为原因主要是人

类的过度开垦、过度放牧、破坏森林等行为。目前，荒漠化已经成为人类最严重的灾难之一。防治土地沙化的方法有很多，如设置沙障、在沙面上覆盖致密物、播撒沙生植物、建防护林等。

WHY 你知道吗？

彩色的沙漠

　　沙漠中的沙石因含矿物质的不同而形成多种颜色。辛普森沙漠氧化铁多，呈红色；图拉罗萨盆地沙漠含石膏质，呈白色；亚利桑那州沙漠的沙粒含多种矿物质，所以绚丽多彩。

为什么有的山洞里冷，有的山洞里暖？

山洞冷暖有别，是因为山洞里冷、暖空气比重不同，冷空气较重而下沉，暖空气较轻而上升。洞口向下的山洞里，因暖空气无法流出，就显得格外温暖，成为"暖洞"；而洞口朝上的山洞里，冷空气钻入洞内，越积越多，就成了"冷

dòng
洞"。位于江苏宜兴的善卷洞有上洞、

中洞、后洞和下洞之分，若从中洞逐级

而上至上洞，使人感到温暖如春；若逐

级而下至下洞，又会感觉寒气逼人。位于

浙江金华的双龙洞和冰壶洞里的气温也

有明显差别，洞口朝下的双龙洞内温暖

宜人，洞口朝上的冰壶洞却异常凉爽。

世界各地的山洞大小不一，环境也

不尽相同。有些山洞非常深，黑暗而可怕；有的山洞很大，里面甚至有瀑布和湖泊；有的山洞很曲折，人在里面会迷路……总之，山洞里的环境和外面差别很大，没有阳光，而且很潮湿，除了青苔，很难见到其他植物。

WHY 你知道吗？

钟乳石

　　山洞里像冰柱子一样的东西，并不是冰，而是石头。在这些山洞的顶上，有含有矿物质的水滴下来。随着水的滴落，矿物成分就逐渐堆积起来，经过很长一段时间的积累，就形成了像冰柱子一样的钟乳石。

火山是喷火的山吗？

其实火山喷出的并不是火，而是一种高温、黏稠的物体——岩浆。火山喷发时，景象异常壮观。平时被地壳死死包裹的岩浆，在遇到地壳较薄的地方或者地壳的裂缝时，就猛烈地冲出地面，这就是我们看到的火山喷发。有些火山很高，

覆盖在火山顶上的是厚厚的冰层，冰层下"睡觉"的火山"醒"了，一翻身把身上的冰层掀了起来，形成火山同时喷火喷冰的奇特现象。这是海拔很高的冰层覆盖下的火山爆发时所特有的景观。

火山按照活动情况分为活火山、死火山和休眠火山三类。活火山是指正在

喷发或周期性喷发的火山；死火山是指已停止喷发的火山；休眠火山是指曾经喷发过，但长期处于相对静止状态的火山。

世界上的火山是多种多样的，它们不仅大小、形状不同，而且爆发的方式和强弱也不同，所喷发的

岩浆物质也不一样。有的爆发力很强，会造成巨大的灾难。

WHY 你知道吗？

火山喷发的危害

　　火山喷发时会喷出很多火山灰和火山气体，它们会持续长达数月时间。若是火山灰和暴雨结合起来，还会形成巨大的泥石流，产生二次灾害。火山气体里含有氰化氢及其衍生剧毒物质，对人身体有极大危害，甚至会令人窒息而死。

地震是地球发怒了吗？

地震并不是地球发怒了，而是一种自然现象。地壳内部持续不断的运动和变化，伴随着十分强大的力的作用，由此，地壳岩层会受到挤压、拉伸，在某些相对脆弱的地方，地壳岩层就会发生变形、断裂和错位，地震就发生了。其中，因地质构造活动引发的地震叫作构造地震；因火山活动造成的地震叫作火山地震；而固岩层（尤

qí shì shí huī yán　　tā xiàn yǐn qǐ de dì zhèn jiào zuò tā xiàn dì
其是石灰岩）塌陷引起的地震叫作塌陷地

zhèn　　jù tǒng jì　　dì qiú shàng měi tiān yào fā shēng shàng wàn cì
震。据统计，地球上每天要发生上万次

dì zhèn　　dàn yóu yú jué dà duō shù tài yuǎn huò tài xiǎo　　suǒ yǐ
地震，但由于绝大多数太远或太小，所以

rén men gǎn jué bú dào
人们感觉不到。

zài dì zhèn fā shēng zhī qián de hěn cháng yí duàn shí jiān
在地震发生之前的很长一段时间

lǐ　　wǒ men jiù néng kàn dào zhū bù tíng de wǎng wài pǎo　　xìn gē
里，我们就能看到猪不停地往外跑、信鸽

zhǎo bú dào fāng xiàng　　qīng wā chéng qún jié duì de chū xiàn　　lǎo shǔ
找不到方向、青蛙成群结队地出现、老鼠

zài bái tiān dào chù luàn cuàn　　gǒu bù tíng de jiào huan děng bù tóng xún
在白天到处乱窜、狗不停地叫唤等不同寻

cháng de xiàn xiàng　　zhè shì yīn wèi hěn duō dòng wù de chù jué　　xiù
常的现象。这是因为很多动物的触觉、嗅

jué　　tīng jué dōu bǐ rén lèi líng mǐn　　tā men néng gòu gèng zǎo de
觉、听觉都比人类灵敏，它们能够更早地
gǎn jué dào dì zhèn jiāng yào fā shēng
感觉到地震将要发生。

为什么地震常发生在夜间？

　　地震是地球内部运动的结果，当某处已经具备地震发生的条件后，如果再受到月球引力等附加力量的影响，很容易使地球内部积蓄的能量爆发出来，地震就会发生了。因为月球引力所引起的"固体潮汐"往往出现在夜间，所以地震也常在夜间发生。

海啸是大海生气了吗？

海啸是一种具有强大破坏力的灾难性的海浪。这种海浪呈现出惊涛骇浪，汹涌澎湃；它卷起的海浪，波高可达数十米，给人们生命财产带来极大的损失。海啸的发生，与海底地震、火山爆发、海底滑坡等有着十分紧密的关系。

有时候，风力极大的台风通过海面时，也会出现海啸。海啸可按成因分为4种类型：由气象变化引起的风暴潮、火山爆发引起的火山海啸、海底滑坡引起的滑坡海啸和海底地震引起的地震海啸。除了自然海啸，还有人工海啸，主要是在海底进行核爆炸引起的。

风暴潮也是一种灾害性的自然现象，很多人分不清它跟海啸，它们的区别主要有：

成因不同，风暴潮是由海面大气运

动引起的，主要是海水表面的运动；而海啸是由海底升降运动造成的，是海水整体的运动。波长不同，海啸波长长达数百千米，要比风暴潮大很多。传播速度不同，海啸的传播速度比风暴潮快。激发的难易程度不同，风暴潮或海浪很容易被风或风暴所激发，而海啸多数是由海底地震产生的。

WHY 你知道吗？

地震海啸多发生在哪里？

环太平洋地区地震带的浅源大地震最多，深海海沟分布十分广泛，所以地震海啸多发生在这一海域。据统计，世界上有近80%的地震海啸发生在环太平洋地区，其中美国夏威夷地区受地震海啸的袭击最严重，其次就是日本。

气候变暖是因为地球发烧了吗？

气候变暖并不是因为地球发烧了，而是温室效应造成的。所谓的温室效应，简单来说就是太阳光洒向大地后，本该有相当一部分能量被地面反射回太空，另一

部分被地球表面吸收。而被地球吸收的那部分足以维持地球上所需要的能量。可是现在，由于污染使大气中积聚了过多的二氧化碳气体，这些气体吸收了地球反射回天空的能量，迫使大气变暖，就好像地球被罩上了一层气盖，像在温室中似的，导致气候变暖，因此被称为温室效应。

气候变暖对全人类的生活和生产都有严重的影响，它将导致北极、南极冰雪开始融化，浮冰减少，那么依赖浮冰作

wéi xiū xi píng tái de běi jí xióng jiù huì jí jí kě wēi tā
为休息平台的北极熊就会岌岌可危，它

men méi yǒu xiū xi chǎng suǒ jiù zhǐ néng yì zhí zài hǎi lǐ yóu
们没有休息场所，就只能一直在海里游

dòng zuì zhōng huì yīn tǐ lì
动，最终会因体力

bù zhī ér sǐ wáng zhè xiē
不支而死亡。这些

biàn huà huì duì zhěng gè zì rán
变化会对整个自然

shēng tài xì tǒng chǎn shēng jù
生态系统产生巨

dà de pò huài zuò yòng duì rén lèi de shēng huó yě jiāng chǎn shēng
大的破坏作用，对人类的生活也将产生

hěn dà de yǐng xiǎng quán qiú biàn nuǎn hái huì dǎo zhì hǎi píng miàn jì
很大的影响。全球变暖还会导致海平面继

xù shàng shēng yì xiē hǎi bá bǐ jiào dī de dǎo yǔ guó jiā
续上升，一些海拔比较低的岛屿、国家

huò chéng shì kě néng huì bèi yān mò
或城市可能会被淹没。

WHY? 你知道吗？

发生温室效应的原因

造成温室效应、全球气候变暖的原因很多，主要原因是人类对化石燃料的使用过多，产生了大量的二氧化碳进入大气。其次是森林的面积减少。此外，还有人口激增、土地沙化、水污染等。

雾霾和雾是什么关系？

雾霾是一种大气受到污染的状态，和自然界形成的雾有所区别。具体来说，雾霾是由雾和霾组成的，雾和霾相同之处在于二者都是视程障碍物。雾是

指大量悬浮在近地面空气中的微小水滴或冰晶组成的气溶胶系统，如果出现大雾，影响能见度，给人们出行安全带来隐患；霾是指烟、尘、硫酸、硝酸、有机碳氢化合物等微粒大量悬浮在空气中而形成浑浊的现象，消散较慢，如果将霾吸入人体，会对人体健康产生危害。雾和霾并到一起，让天空瞬间变得灰蒙蒙，造成灾害性天气，因此被通称为雾霾。

雾霾的产生和大气污染有着极为密切的关系，由于城市人口增加、工业发展及机动车数

量激增，大气中的污染物和悬浮物迅速增多。在空气流动性差的气象条件下，大气中的污染物和悬浮物聚集在一起，形成雾霾。要减少雾霾，首先要净化空气，减少污染源。如减少煤炭的使用量，减少机动车的排放量，等等。

PM2.5

　　PM 是颗粒物的英文缩写，PM2.5 指在空气中飘浮的直径小于或等于 2.5 微米的可吸入颗粒物。它又被称作"可入肺颗粒物"，富含有毒、有害物质，且能长久停留在大气中，是雾霾的重要组成部分，对人体十分有害。

南极和北极的冰雪怎么那么多？

南极和北极能够获得的太阳热量极少；厚厚的冰雪妨碍了地面吸收热量；这两个地区有长达半年时间的极夜，完全没有阳光。几种因素综合起来，致使南极和北极的温度一直很低，冰雪很难融

化，所以一直积存了下来，变得很多。

极昼、极夜是地球两极地区的自然现象。极昼是太阳总不落，天始终是亮的。极夜与极昼相反，太阳总不出来，天始终是黑的。南极和北极这两个地区都有长达半

年的极昼和极夜。当太阳直射北半球时，北极是极昼，南极是极夜；太阳直射南半球时，南极是极昼，北极是极夜。

WHY? 你知道吗?

南极和北极哪个更冷?

南极比北极更冷一些。南极是一块陆地，储存热量的能力差一些，获得的太阳热能很快就会辐射掉。而北极主要是海洋，海水的储热能力比陆地强很多，散热比较慢。而且，南极地区的海拔比北极地区高，这也使得南极地区的温度更低一些。

海面上漂浮的冰山是哪里来的？

冰山并非真正的山，而是漂浮在海洋中的巨大冰块。在南北极地区，海洋附近的大陆冰受到海洋中波浪和潮冰的

cháng qī měng liè de chōng jī　　qián yuán màn màn duàn liè ér huá rù

长期猛烈的冲击，前缘慢慢断裂而滑入

hǎi zhōng　　huá rù shuǐ zhōng de bīng kuài shòu dào shuǐ de fú lì ér

海中，滑入水中的冰块受到水的浮力而

piāo zài hǎi shàng　　cóng ér xíng chéng le bīng shān

漂在海上，从而形成了冰山。

　　bīng shān tōng cháng xiàng shān yí yàng gāo dà　　bú guò wǒ men

　冰山通常像山一样高大，不过我们

kàn dào de jǐn jǐn shì tā fú zài shuǐ miàn shàng de bù fen　　bīng

看到的仅仅是它浮在水面上的部分，冰

shān shí jì de tǐ jī bǐ lù zài wài miàn de bù fen yào dà hěn

山实际的体积比露在外面的部分要大很

duō　　yǐn cáng zài shuǐ xià de nà bù fen bīng shān　　bù jǐn tǐ jī

多。隐藏在水下的那部分冰山，不仅体积

<ruby>大<rt>dà</rt></ruby>，<ruby>而<rt>ér</rt></ruby><ruby>且<rt>qiě</rt></ruby><ruby>它<rt>tā</rt></ruby><ruby>的<rt>de</rt></ruby><ruby>形<rt>xíng</rt></ruby><ruby>状<rt>zhuàng</rt></ruby><ruby>也<rt>yě</rt></ruby><ruby>无<rt>wú</rt></ruby><ruby>法<rt>fǎ</rt></ruby><ruby>被<rt>bèi</rt></ruby><ruby>观<rt>guān</rt></ruby><ruby>察<rt>chá</rt></ruby><ruby>到<rt>dào</rt></ruby>，<ruby>很<rt>hěn</rt></ruby>

<ruby>多<rt>duō</rt></ruby><ruby>大<rt>dà</rt></ruby><ruby>船<rt>chuán</rt></ruby><ruby>就<rt>jiù</rt></ruby><ruby>是<rt>shì</rt></ruby><ruby>被<rt>bèi</rt></ruby><ruby>水<rt>shuǐ</rt></ruby><ruby>下<rt>xià</rt></ruby><ruby>的<rt>de</rt></ruby><ruby>冰<rt>bīng</rt></ruby><ruby>山<rt>shān</rt></ruby><ruby>撞<rt>zhuàng</rt></ruby><ruby>坏<rt>huài</rt></ruby><ruby>的<rt>de</rt></ruby>。

冰山灾难

1912 年 4 月 15 日，当时世界上最大的轮船"泰坦尼克号"满载着上千位旅客在从英国南安普敦首航美国纽约的途中，在北大西洋水域触冰山沉没，成为世界航海史上最大的一次海难。

极光是怎样形成的？

极光是地球上出现的一种缤纷绚丽的发光现象。在南极出现的被称为南极光，在北极出现的则被称为北极光。极光是怎样形成的呢？

极光形成的主要原因是大气外的高

能粒子（包括电子和质子等）进入地球磁场，在地磁场的作用下转向地球的极区，在与高层大气的撞击中，这些高能粒子

会导致发光现象，这就是我们看到的极光。极光是地球上最美丽壮观的自然景观之一，极光出现时，色彩缤纷、变化万千、绚烂无比。但是由于高能粒子的强度不同，极光有时候出现的时间很

短，有时候则会连续出现几个小时。更为神奇的是，不只地球上

才会出现极光现象，在太阳系中，其他一些具有磁场的行星上也有极光现象。

极光的颜色是多种多样的，有的呈白色，有的呈绿色，有的呈蓝色，等等。根据已知的观察记录，我们能够清楚辨别的极光颜色就有160多种。

WHY? 你知道吗？

关于极光的古老传说

中国的古书《山海经》记载了极光：北方有个神仙，外貌如一条红色的大蛇，它会在夜空中发出亮光，名字叫烛龙，其实这里所说的烛龙，指的就是极光。

黄河水为什么是黄色的？

黄河是我国第二大长河，呈"几"字形，流经青海、四川、甘肃、宁夏、内蒙古、陕西、山西、河南和山东9个省、自治区，向东注入渤海。黄河是世界上含沙量最高的河流，素有"一碗水，

半碗沙"之说。在黄河中游，黄土高原土质松散，又多暴雨，所以水土流失非常严重，大量泥沙流入黄河。尤其是夏季，雨水集中，暴雨冲刷黄土，河水变成泥流，滚滚东去，黄河从这里开始泛黄。据统计，黄河每年从中游带入河中的泥沙有十几亿吨。所以，黄河的水看上去是黄色的。在党和政府的关心下，经过多年治理，黄河水已经开始变清了。

由于黄河流域地区气候温和，水文条件优越，有利于农作物生长，早在远古时

期，原始先民便在黄河流域生活和繁衍。

另外，我国很多封建王朝的核心地区也都在黄河流域，代表着古代文明发展的文学艺术、科学技术、发明创造等也都产生于这里。因此人们常说黄河是我们的"母亲河"。

WHY 你知道吗？

九曲十八弯

黄河并非真的有九曲十八弯。"九曲十八弯"只是一种概数说法，用来形容河套平原上黄河的曲折。黄河由巴颜喀拉山发源后，自青藏高原一路向东南流去，到玛曲时，遇到了四川北部高山的阻挡，于是河水掉头流向西北，形成了罕见的180度大转弯。

黄山为什么是"天下第一奇山"？

黄山被誉为"天下第一奇山"。黄山之"奇"在于黄山"四绝"：奇松、怪石、云海、温泉。

黄山之松多而奇，具有很强的生命力，只要石缝间稍有立足之地，就能就势而长。因此树形多具有丰富的艺术魅力，越在险境，越显神奇。奇松多落根于奇峰怪石之中。

黄山怪石，以奇取胜，以多著称，形态奇巧，千姿百态；有的像人，有的如物，有的似飞禽，有的若走兽。许多奇峰怪石都有自己的名字，如天都峰、莲花峰、鲫鱼背、梦笔生花、笔架峰等。

"黄山自古云成海"，云海为黄山"四绝"中的又一绝。黄山是云雾之乡，以峰为体，以云为衣，其瑰丽壮观的云海以美、胜、奇、幻享誉古今，一年四季皆可观，尤以冬季景最佳。

lǐn dōng guān wán yún hǎi　　zuì shì hé qù pào wēn quán
凛冬观完云海，最适合去泡温泉。

huáng shān de wēn quán sù yǒu　　tiān xià míng quán　　líng quán
黄山的温泉素有"天下名泉""灵泉"

zhī chēng　　zuì wéi yǒu míng de shì zǐ yún fēng xià de zhū shā quán
之称。最为有名的是紫云峰下的朱砂泉，

cǐ quán duì pí fū　　xiāo huà xì tǒng　　shén jīng　　xīn xuè guǎn
此泉对皮肤、消化系统、神经、心血管

děng xiāng guān bìng zhèng　　jūn yǒu yí dìng gōng xiào
等相关病症，均有一定功效。

WHY? 你知道吗？

黄山的松树

通常按照黄山松的外形特征来给它们命名。著名的黄山松有迎客松、送客松、棋盘松、探海松等。

青藏高原为什么是"世界屋脊"?

青藏高原位于我国西南部，跨我国西藏自治区全部和青海、新疆、甘肃、四川、云南的部分地区，以及不丹、尼泊尔、印度、巴基斯坦、阿富汗、塔吉克斯坦、吉尔吉斯斯坦的部分或全部。青藏高原的面积约为250万平方千米，平均海拔在4000米以上，是我国面积最大、

海拔最高的高原，也是世界上海拔最高的高原，比世界上最高的大陆南极洲还高，所以人们称它为"世界屋脊"。高原之上

不仅分布着许许多多的雪山和冰川，还有平坦开阔的谷地、辽阔的草原、郁郁葱葱的原始森林和星罗棋布的湖泊，草原上鲜花盛开，牛羊成群，是牧民们美丽的家园。

青藏高原不仅是世界上海拔最高的高原，而且是世界地质史上最年轻的高原。假如用人的一生作比，它还处在婴儿期。青藏高原地区的强烈隆升是从数

bǎi wàn nián qián kāi shǐ de　　kē xué jiā yán jiū rèn wéi　zài shù
百万年前开始的。科学家研究认为，在数

bǎi wàn nián lǐ　qīng zàng gāo yuán cóng píng jūn hǎi bá　　　　mǐ
百万年里，青藏高原从平均海拔1000米

shàng shēng dào　　mǐ　shàng shēng le　　mǐ　xíng
上升到4000米，上升了3000米，形

chéng dāng zhī wú kuì de　　shì jiè wū jǐ　　qīng zàng gāo yuán
成当之无愧的"世界屋脊"。青藏高原

qiáng liè lóng shēng de jié guǒ shì　qì hòu yù lái yù hán lěng gān
强烈隆升的结果是：气候愈来愈寒冷干

zào　yù wǎng zhōng xīn dì qū yù míng xiǎn
燥，愈往中心地区愈明显。

WHY 你知道吗？

青藏高原上怎么会有海螺化石呢？

　　据科学家推测，青藏高原曾经是一片汪洋大海。在很久很久以前的一次造山运动中，海底由于受到挤压而逐渐向上隆起，慢慢演变成了现在的青藏高原。而青藏高原上的海螺化石，正是很久以前的大海中的海螺形成的。

东非大裂谷真的是"地球伤疤"吗？

东非大裂谷是纵贯非洲东部的地理奇观，是世界陆地上最长的裂谷带。大约3000万年前，在东非大陆发生了一次剧烈的地壳运动，从而形成了我们看到的东非大裂谷。从卫星

照片上看，东非大裂谷就像地球一道很大的伤疤一样，所以才有了"地球的伤疤"这一说法。

东非大裂谷南起赞比西河口，在马拉维湖分为东、西两支。东支向北纵贯东非高原中部和埃塞俄比亚高原中部，直达红海北端；西支南起马拉维湖西北端，经坦噶尼喀湖、基伍湖、蒙博托湖等，一直到苏丹境内的白尼罗河谷。

东非大裂谷地带地形复杂，千姿百态，植被茂盛，溪流纵横，野生动物众多，大象、河马、非洲狮、犀牛、羚羊、

<ruby>红<rt>hóng</rt></ruby><ruby>鹤<rt>hè</rt></ruby>、<ruby>秃<rt>tū</rt></ruby><ruby>鹫<rt>jiù</rt></ruby><ruby>等<rt>děng</rt></ruby><ruby>都<rt>dōu</rt></ruby><ruby>在<rt>zài</rt></ruby><ruby>这<rt>zhè</rt></ruby><ruby>里<rt>lǐ</rt></ruby><ruby>栖<rt>qī</rt></ruby><ruby>息<rt>xī</rt></ruby>。<ruby>在<rt>zài</rt></ruby><ruby>众<rt>zhòng</rt></ruby><ruby>多<rt>duō</rt></ruby><ruby>鸟<rt>niǎo</rt></ruby><ruby>类<rt>lèi</rt></ruby><ruby>之<rt>zhī</rt></ruby><ruby>中<rt>zhōng</rt></ruby>，<ruby>这<rt>zhè</rt></ruby><ruby>里<rt>lǐ</rt></ruby><ruby>有<rt>yǒu</rt></ruby><ruby>被<rt>bèi</rt></ruby><ruby>称<rt>chēng</rt></ruby><ruby>为<rt>wéi</rt></ruby><ruby>世<rt>shì</rt></ruby><ruby>界<rt>jiè</rt></ruby><ruby>上<rt>shàng</rt></ruby><ruby>最<rt>zuì</rt></ruby><ruby>漂<rt>piào</rt></ruby><ruby>亮<rt>liang</rt></ruby><ruby>的<rt>de</rt></ruby><ruby>鸟<rt>niǎo</rt></ruby>——<ruby>火<rt>huǒ</rt></ruby><ruby>烈<rt>liè</rt></ruby><ruby>鸟<rt>niǎo</rt></ruby>，<ruby>还<rt>hái</rt></ruby><ruby>有<rt>yǒu</rt></ruby><ruby>众<rt>zhòng</rt></ruby><ruby>多<rt>duō</rt></ruby><ruby>火<rt>huǒ</rt></ruby><ruby>山<rt>shān</rt></ruby>，<ruby>其<rt>qí</rt></ruby><ruby>中<rt>zhōng</rt></ruby><ruby>极<rt>jí</rt></ruby><ruby>为<rt>wéi</rt></ruby><ruby>著<rt>zhù</rt></ruby><ruby>名<rt>míng</rt></ruby><ruby>的<rt>de</rt></ruby><ruby>有<rt>yǒu</rt></ruby><ruby>乞<rt>qǐ</rt></ruby><ruby>力<rt>lì</rt></ruby><ruby>马<rt>mǎ</rt></ruby><ruby>扎<rt>zhā</rt></ruby><ruby>罗<rt>luó</rt></ruby><ruby>山<rt>shān</rt></ruby><ruby>和<rt>hé</rt></ruby><ruby>尼<rt>ní</rt></ruby><ruby>拉<rt>lā</rt></ruby><ruby>贡<rt>gòng</rt></ruby><ruby>戈<rt>gē</rt></ruby><ruby>火<rt>huǒ</rt></ruby><ruby>山<rt>shān</rt></ruby>。

WHY 你知道吗？

东非大裂谷会"愈合"吗？

　　根据科学家的观察和研究发现，东非大裂谷并没有缩小，反而一直在扩大。很多科学家推测，2亿年之后，东非大裂谷就会完全断裂，并产生新的大洋。但是也有科学家认为，很多年之后，东非大裂谷可能会随着地壳运动而隆起成为高山。

WHY?
这是为什么
动物植物

胡文萱◎主编

北京工艺美术出版社

图书在版编目（CIP）数据

WHY？这是为什么．动物植物 ／ 胡文萱主编．－－ 北京 ： 北京工艺美术出版社 ，2022.10
ISBN 978－7－5140－2450－0

Ⅰ．① W… Ⅱ．①胡… Ⅲ．①科学知识－儿童读物②动物－儿童读物 Ⅳ．① Z228.1 ② Q95－49

中国版本图书馆 CIP 数据核字 (2022) 第 094507 号

出 版 人：陈高潮　　策 划 人：杨　宇　　装帧设计：上上设计
责任编辑：张怀林　　责任印制：王　卓

法律顾问：北京恒理律师事务所　丁　玲　张馨瑜

WHY？这是为什么·动物植物

WHY？ ZHE SHI WEISHENME·DONGWU ZHIWU

胡文萱　主编

出　　版	北京工艺美术出版社	
发　　行	北京美联京工图书有限公司	
地　　址	北京市西城区北三环中路6号　京版大厦B座702室	
邮　　编	100120	
电　　话	(010) 58572763（总编室）	
	(010) 58572586（编辑室）	
	(010) 64280045（发　行）	
传　　真	(010) 64280045/58572763	
网　　址	www.gmcbs.cn	
经　　销	全国新华书店	
印　　刷	天津海德伟业印务有限公司	
开　　本	700 毫米×1000 毫米　1/16	
印　　张	8	
字　　数	90千字	
版　　次	2022年10月第1版	
印　　次	2022年10月第1次印刷	
印　　数	1～20000	
书　　号	ISBN 978－7－5140－2450－0	
定　　价	199.00元（全五册）	

随着孩子们不断长大，他们探索大千世界的欲望会越加强烈，他们的小脑袋里会时不时冒出各种各样的问题。如，太阳是一个大火球吗？美丽的彩虹是谁画出来的？鸟儿为什么能飞那么高？树叶到了秋天为什么会变黄？心脏为什么跳个不停？眼泪为什么是咸的？……这些层出不穷的"小问题"，是孩子们对这个世界的初步探索。

为了满足孩子们的好奇心，开阔他们的视野，启发他们的创造力和想象力，我们精心编排了这套《WHY？这是为什么》丛书。这是一套融趣味性、知识性、科学性于一体的少儿百科全书，囊括了天文、地理、动物、植物、历史、生活、人体等多个领域的知识。本系列图书从孩子的视角出发，所选内容简单易懂，用语生动有趣，全彩注音，装帧精致，插图唯美。

希望孩子们能通过阅读本丛书领略到一个精彩奇妙、色彩斑斓的大千世界。我们衷心祝愿每一位孩子都能在本丛书的陪伴下茁壮成长。

目录

Contents

鸟儿是怎么飞起来的？

鸟儿之所以会飞，主要是因为它们的身体构造很特别。首先，鸟儿有一对很有力的翅膀，通过不断地上下拍打翅膀，可以产生升力，借助空气，把身体向上托起。其次，鸟类的骨骼坚硬、薄而轻，而且骨头是空心的，这种独特的骨骼结构不仅减轻了体重，还增强了飞翔的能力。再次，鸟类

yǒu fā dá de xiōng bù jī ròu kě yǐ zhī chí chì bǎng chí xù
有发达的胸部肌肉，可以支持翅膀持续
shān dòng zuì hòu niǎo de tǐ nèi hái yǒu hé fèi xiāng lián de qì
扇动。最后，鸟的体内还有和肺相连的气
náng qì náng lǐ chǔ cún zhe yóu fèi xī jìn de dà liàng qì tǐ
囊，气囊里储存着由肺吸进的大量气体，
zēng jiā le shēn tǐ de fú lì jù bèi le zhè xiē tiáo jiàn niǎo
增加了身体的浮力。具备了这些条件，鸟
ér zì rán jiù kě yǐ fēi qǐ lái le
儿自然就可以飞起来了。

niǎo ér shì yì zhǒng quán shēn zhǎng zhe yǔ máo de luǎn shēng jǐ
鸟儿是一种全身长着羽毛的卵生脊
zhuī dòng wù niǎo ér de zhǒng lèi fán duō biàn bù quán qiú
椎动物。鸟儿的种类繁多，遍布全球，
tǐ tài gè yì xí xìng yě gè yǒu chā bié yǒu de zài lù dì
体态各异，习性也各有差别，有的在陆地

觅食，有的在海洋觅食，草食性、肉食性、杂食性的都有。

绝大多数鸟类是可以飞翔的，它们属于突胸总目。除此之外，还有少量不会飞翔的鸟类，分别属于以下两个总目：平胸总目，包括善走而不能飞的鸟，如鸵鸟；企鹅总目，包括善游泳和潜水而不能飞的鸟，如企鹅。

WHY 你知道吗？

鸟儿真的是站在树枝上睡觉吗?

是的。这是因为鸟儿的腿爪有个锁扣的机关，有能拉紧足趾的肌腱，非常适合抓住树枝。当鸟儿睡觉时，便以身体重量作用于双爪的肌腱使其绷紧，这样，双爪就会死死抓住树枝，用锁扣扣住，这样鸟儿就不会从树上掉下来了。

为什么大雁飞行时要排成"人"字形或"一"字形?

大雁是一种候鸟,每年冬天,北方天气变冷时,大雁们就会迁徙到气候温暖、食物丰富的南方过冬,第二年春天再返归北方。

大雁飞行时常呈"人"字形或"一"字形。这是因为它们扇动翅膀的时候，会产生一股向上的气流，如果排成"人"字形或"一"字形，它们就可以依次利用这种气流减少空气的阻力，飞得快一点儿、轻松一点儿。通常，队列最前面的领头雁受到气流的阻力最大，最容易疲劳，因此，迁徙的大雁总是轮流担任领头雁。

大雁又称野鹅，全球共有9种，我国有7种。大雁体形较大，喙的基部稍高，上颌的边缘有健壮的齿突，且有强大的硬角质鞘，额部为流线型，其颈部粗且短，翅膀长而尖，

体羽大多呈褐色、灰色或白色，主要分布在北美、亚欧大陆、非洲北部。在我国，大雁属于国家二级保护动物。

大雁适应性强，属于杂食性水禽，常栖息在水生植物丛生的水边或沼泽地，采食一些无毒、无特殊气味的野草、牧草、谷类及螺、虾等。

WHY 你知道吗？

大雁为什么要南飞？

每年冬天，北方天气寒冷，树木凋零，江河也都结冰了，在这样的环境下，大雁们找不到吃的，有可能被饿死。南方却不一样，那里气候温暖，食物丰富，可以帮助大雁度过冬天，因此，它们都会在冬天来临前飞去南方，第二年春天再返回北方。

为什么鸽子能记住回家的路？

我们知道鸽子是非常善于长途飞行的，它们长途飞行时不会迷路的本领，令许多科学家很感兴趣。科学家经过长期研究后认为，除了具备一般鸟类适于飞行的特点，鸽子两眼间的突起能在它们的飞行途中帮助其测量地球磁场的变化。据研究，鸽子除了能利用地球磁场来"导航"，还能根据太

阳光来"导航"。在研究

者们看来，这是鸽子体内的"生物钟"在

校正、选择太阳的移动方向。它们还能检

测偏振光，只要天空中不是乌云密布，

鸽子就能将太阳当成"罗盘"来用。也

就是说，鸽子之所以能够从遥远的地方飞

回自己的家，是因为它们拥有诸多可以辨

别方向的本领。在阴雨天气里，虽然鸽

子不能用太阳的位移来"导航"，但是它

们却能依靠地球磁场和敏锐的视觉、嗅觉等来"导航"。

鸽子性情温和，与人类的关系密切。人们利用鸽子较强的飞翔能力和归巢能力等特性，培养出不同品种的信鸽，把信绑在鸽子的腿上，让它们充当"邮递员"，为人类送信。

WHY 你知道吗？

鸽子为什么总是咕咕叫？

鸽子非常喜欢咕咕叫，这种咕咕的叫声是鸽子的语言。你只要仔细听就会发现，它们咕咕叫的声音是有很大区别的。有的表达亲切友好，有的是厉声警告，还有的表示愤怒。鸽子是爱好和平的动物，它们对谁都没有伤害，我们应该保护它们。

为什么孔雀会开屏？

孔雀是国家一级保护动物，是一种珍贵的观赏鸟类。我们在动物园中经常能看到"孔雀开屏"，你知道为什么孔雀会开屏吗？

其实，这与它们的生活习性有关。我们知道，只有雄孔雀能自然开屏，那是因为雄孔雀身体内的生殖腺会分泌雄性激素，刺激它们的大脑，让它们展

开尾屏。每年3月到4月，是孔雀的繁殖季节。这时的雄孔雀为了吸引雌孔雀交配繁殖，便会展开它们色泽艳丽的尾巴，还不停地做出各种各样的舞蹈动作，向雌孔雀炫耀自己的美丽和雄健，等交配完成后就会渐渐收起开屏的尾巴。

除此之外，孔雀开屏有时也是为了保护自己。在孔雀的大尾屏上，有很多五色金翠线纹，其中散布着近似圆形的眼

状斑。当它们遇到敌人来不及逃避时，就会突然开屏，大量的眼状斑就会随之抖动起来，看起来非常"可怕"。敌人常常因为惧怕这些眼状斑，不敢贸然前进，这样孔雀就能保护自己了。

WHY 你知道吗？

孔雀会飞吗？

孔雀是会飞的，只是孔雀的双翼不太发达，它飞行起来慢而且笨拙，只有在下降滑飞时稍快一些。孔雀的腿强健有力，逃窜时多是大步飞奔。在觅食的时候，它的行走姿势与鸡一样，边走边点头。

为什么鹦鹉会学人说话？

鹦鹉是不可多得的鸟类"表演艺术家"，聪明伶俐，善于学习，最令人惊奇的就是鹦鹉学人说话的技能了。其实，鸟类中不止鹦鹉能模仿其他动物的叫声，但是能学人说话的只有鹦鹉、八哥等少数几种。鹦鹉的学舌本领很强，不仅能讲中文，还可以说其他语言。这是因为鹦鹉的舌根发达，舌尖细长而灵活，鸣

肌比较发达，可以发出准确、清晰的音调，加上它们的模仿能力和记忆力较强，所以在人类的驯养下，能够学人说话和唱歌。不过这仅仅是

它们的模仿行为，是一种条件反射，它们绝对不可能像人类那样，懂得语言的含意。

鹦鹉，又名鹦哥，泛指鹦形目众多艳丽且爱叫的鸟。鹦鹉是典型的攀禽，对趾型足，两趾向前，两趾向后，适合抓握。鹦鹉的

huì qiǎng jìng yǒu lì　　kě yǐ shí yòng yìng ké guǒ　　tā men zhǔ yào
喙强劲有力，可以食用硬壳果。它们主要

yǐ shù shàng huò zhě dì miàn shàng de zhí wù guǒ shí　　rú zhǒng zi
以树上或者地面上的植物果实，如种子、

jiān guǒ　　jiāng guǒ děng wéi shí　　yě huì shǎo liàng bǔ shí kūn chóng
坚果、浆果等为食，也会少量捕食昆虫，

huò zhě yǐ zhí wù huā fěn　　huā mì děng wéi shí
或者以植物花粉、花蜜等为食。

WHY 你知道吗？

鹦鹉有哪些种类？

鹦鹉种类繁多，有粉红凤头鹦鹉、葵花凤头鹦鹉、鸡尾鹦鹉、亚马孙鹦鹉、虎皮鹦鹉等。世界上最小的鹦鹉是生活在马来半岛、苏门答腊岛、加里曼丹岛一带的蓝冠短尾鹦鹉，最大的是分布在南美的玻利维亚和巴西的紫蓝金刚鹦鹉。

为什么天热的时候狗总是吐舌头？

狗是人类最早驯化的家畜之一，与人类文明有着千丝万缕的联系。因此，狗被人们视为最忠诚的伙伴，是我们再熟悉不过的哺乳动物了。在生活中，我们经常能发现，在天热的时候，狗会吐出舌头，这是为什么呢？

这与它的身体构造有关。正常状态
下哺乳动物的体温是恒定的，当热量过
多时，就要通过降温的办法来散发热量。
一般来说，动物的体表都布满了汗腺，气
温升高时，汗腺就会分泌出汗液，同时
热量也随着汗液的分泌散发到体外，体温
就得以降低。但是，科学家们研究发现，

狗是不同于其他动物的，它身体里的汗腺并不发达，不能像其他动物那样通过出汗来降低体温，它的汗腺是长在舌头上的。所以，为了度过炎炎夏日，它不得不将舌头伸出来以帮助散热，这样身体的热量就能很快地被散发出来。其实，即便不是夏天，狗也会经常将自己的舌头伸出来，如它在奔跑或打架之后，身体在剧

liè yùn dòng hòu tǐ wēn shēng gāo kāi shǐ fā rè zhè shí tā
烈运动后体温升高，开始发热，这时它
yě huì shēn chū shé tou lái sàn fā rè liàng gěi zì jǐ de shēn tǐ
也会伸出舌头来散发热量，给自己的身体
jiàng wēn
降温。

灵敏的鼻子

　　狗的鼻子里有很多褶皱，褶皱上长有一层表面黏膜，表面黏膜上布满了嗅觉细胞，这些细胞可以非常灵敏地将各种微弱的气味传给大脑。另外，狗的鼻尖上也分布了许多嗅觉细胞，同样非常灵敏。狗还能依据自己留下的气味返回自己的家，同时能用嗅觉功能帮助人工作。

为什么变色龙能变换颜色？

变色龙是蜥蜴目的一种，是所有蜥蜴中最容易被识别的，因为它们有很多色彩鲜艳的"衣服"，而且可以随时变换。为什么变色龙能在一天之内变换好几种颜色呢？原来，在变色龙的皮肤里有一个

储存色彩的"小仓库"，里面储存着黄、绿、蓝、紫、黑等色彩斑斓的色素细胞，只要周围的温度、光线、湿度等发生变化，一些色素细胞就会增大，变色龙的"衣服"就改变颜色了。变色龙的变色技能不单单是防御手段，也是社交活动的需要，如一只雄性变色龙在求爱或者准备战斗时，常常表现出独特的色彩图案。

变色龙凭借敏锐的知觉，用它的舌头辅助猎取食物。它们的舌头和自己的身体一样长，甚至更长。在休息时，它们

的舌头会绕着舌骨卷起来，当舌头伸出时，肌肉收缩，舌头就像一块被挤压后的湿肥皂被推向前。肉质的舌尖覆盖黏液，当舌头接触到猎物时，舌头的肌肉促使舌尖形成一个带有黏液的吸盘，从而牢牢地抓住猎物。

WHY 你知道吗？

变色龙的身体特征

变色龙身体呈扁状，腿较长，尾巴可卷曲。大多数变色龙是树栖的，它们经常在纤细的树枝上悠然地踱步。它们每只脚上都长着2～3个相互对应且长合在一起的脚趾（人们称其为对生趾），这使它们可以毫不费力地抓牢窄细的树枝。

为什么长颈鹿的脖子那么长？

长颈鹿是一种常见的偶蹄动物，它们主要生活在非洲草原上，以小树枝和树叶为食。长颈鹿也是世界上最高的陆地动物，它们站立时身高可以达到6~8米，即便是刚出生的幼崽也有1.5米高。长颈鹿体形

庞大，长着宽宽的额头，长长的脖子，额头上长着一对短角。为什么长颈鹿

会长着这么长的脖子呢？

其实，这是生物进化的结果。在远古时代，长颈鹿的祖先生活在干旱少雨的环境里，那时候地上植物稀少，为了获得充足的食物，它们必须努力伸长脖子去够树尖上的嫩叶吃。于是，那些脖子不够长的长颈鹿就

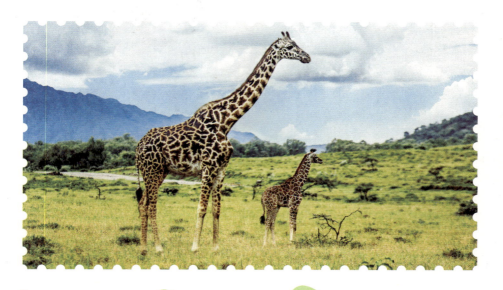

被大自然淘汰了，那些脖子较长的长颈鹿得以生存下来，变成我们现在看到的这个样子。

虽然长颈鹿的脖子足够长，有其独特的优越性，可这也给长颈鹿带来了不少麻烦。它们的长脖子让它们很难喝到河里的水，即便是它们将脖子垂下也很难做到。因此它们要喝水时就必须把前腿大幅度岔开或者跪下来，但这样做是很危

<ruby>险<rt>xiǎn</rt></ruby>的，因为它们躲避水边的猛兽时就没
那么方便了。所以长颈鹿们只好放弃水
源，拼命去吃那些含水分多的嫩叶。

长颈鹿的叫声

　　人们很少听到长颈鹿的叫声，因此武断地认为长颈鹿没有声带。其实长颈鹿不叫是因为它的声带很特别，并且它们的声带和发声器官之间相距太远，叫起来很费力气，所以它们一般很少叫。

为什么有些动物需要冬眠？

动物冬眠是为了适应冬天寒冷的环境，保持体内的能量，避免冻坏、饿坏。到了冬天，寒风呼啸、冰天雪地，野外植物死了，小动物蛰伏着，食物非常难找。动物冬眠后，新陈代谢水平降到最低，几乎不需要食物也能维持生命。

科学家们发现，在冬眠动物的血液中含有一种颗

粒状物质，很可能就是它诱发了动物的冬眠。有时候这种物质会黏附于红细胞，致使红细胞也产生诱发冬眠的作用。实验还显示，动物冬眠的时间越长，其血液中诱发冬眠的物质的作用就会越强烈。

此外，科学家们还发现，在那些冬眠动物的血液中，还有另外一种物质与之相抗衡。当血液中的这种物质达到一定量后，冬眠的动物们就会结束冬眠了。

如此看来，诱发物质并不是决定动物冬

眠时间长短的主要因素，诱发物质以及抗诱发物质比例的变化也是动物冬眠时间长短的决定性因素之一。如果抗诱发物质在血液中的浓度足以控制住诱发物质，那么动物就要从冬眠状态中苏醒过来了。

WHY 你知道吗？

有夏眠的动物吗？

有很多动物都需要夏眠。比如鳄鱼，当河流被晒得干涸时，它们就会钻进泥里，一觉睡到大雨降落。小蜗牛们也需要夏眠，它们会躲进自己的"小房子"里，熬过这个炎热的季节。另外，一些蜥蜴、乌龟等都会在夏天来临之前钻到岩洞或淤泥里，睡两三个月的大觉。

为什么大象用鼻子吸水时不会被呛到？

大象是世界上最大的陆栖哺乳动物，它的长鼻子能够到地面。其实最早的大象鼻子没有那么长，为了适应生活的环境，大象的鼻子才越长越长。与人类不同的是，大象生来就是用鼻子吸水的，但是它们不会像人类一样被呛到，这是为什么呢？因为大象的

鼻腔很特别。大象的鼻腔同时连通着气管和食道，但在连通食道的上方有一块软骨，像小盖子一样能盖住气管。大象吸水时，软骨就盖住气管，这样水只能进入食道，自然就不会被呛到了。

大象喜欢群居，一般20～30头为一群，多者可达百头。这些大象生活在一起，活动有一定的范围和路线，不乱跑乱走，出去找食一般是在早上和晚上。

tā men huó dòng de shí hou　　wèi le bǎo hù yòu xiàng　huì pái
它们活动的时候，为了保护幼象，会排

chéng cháng cháng de yí duì　　chéng nián xióng xiàng zǒu zài qián tou lǐng
成长长的一队，成年雄象走在前头领

duì　　yòu xiàng zǒu zài zhōng jiān　chéng nián mǔ xiàng zǒu zài duì wu
队，幼象走在中间，成年母象走在队伍

de hòu tou
的后头。

你知道吗？

人类的助手

目前地球上的大象只有两属，即亚洲象和非洲象。别看大象体形笨重，可它们的头脑聪慧，它们被驯服后可帮助人劳动。亚洲象比非洲象更聪明，容易被驯服，可为人驮重物、伐木头等。大象还会做许多有趣的动作，有的还会奋不顾身地救人。

为什么蝉总是不停地"唱歌"?

在盛夏时节，我们经常能听到蝉"知了，知了"地唱个没完没了。为什么蝉会不停地叫呢？

仔细观察，它的叫声并不是从嗓子里发出的，而是从肚子那里发出来的。蝉的肚子两侧有两个声鼓，鼓膜颤动才发出声响。其实只有雄蝉才会鸣叫，雌蝉是不发声的。雄蝉正是用自己的"歌声"

来吸引异性的。如果你仔细听，就会发现雄蝉的叫声是有区别的。如果雄蝉发现有其他的雄蝉进入了自己的领地，就会用很大的叫声警告它赶快离开；如果是雌蝉来了，它的叫声就会变得温柔多情了。

大人们说，蝉是既"短命"又长寿的昆虫，这是为什么呢？说蝉"短命"，是因为在阳光下，唱歌的蝉只能活一个月。说蝉长寿，是因为蝉在出来唱歌之前，已经在地下活了很长时间。蝉的幼虫孵化出来之后，就会钻进地下，从树根上

xī qǔ zhī yè　　 dù guò jǐ nián de màn cháng shí guāng　 dàn chán
吸取汁液，度过几年的漫长时光。但蝉
yí dàn zuān chū dì miàn　　 chū xiàn zài rén men yǎn qián　　 hěn kuài jiù
一旦钻出地面，出现在人们眼前，很快就
huì miàn lín sǐ wáng
会面临死亡。

WHY 你知道吗？

蝉的生长过程

　　蝉卵一般产在树上，到第二年春夏孵化出幼虫，幼虫顺着树干下到地面或落到地面，然后钻入地下，吸取树根汁液，长大后爬出地面脱去外壳，到树上开始高唱。

为什么蜻蜓爱用尾巴点水？

　　蜻蜓是一种常见的节肢动物，它头部长着又大又鼓的眼睛，视力极好，同时它也是世界上眼睛最多的昆虫。蜻蜓的飞行能力极强，每秒钟可以飞行10米。它既能向前飞行，又能后退飞

行，并通过复眼观测物体的速度，这使
它成为捕虫的高手。总体来说，蜻蜓是
一种益虫。

在炎热多雨的夏天，我们常会看到
蜻蜓擦着水面飞来飞去并用尾巴点水，
这是为什么呢？原来这是蜻蜓在产卵。
它会在贴近水面时将卵产在水草上，不

久，这些卵便会孵化
成幼虫，蜻蜓的
幼虫又叫水虿。
水虿是一种体形
较大的虫子，它们
要在水中生活一年，
蜕皮十几次，然后才爬出水面，蜕去最
后一层皮，长出翅膀，成为一只名副其
实的蜻蜓。

WHY 你知道吗

蜻蜓帮助人们改进飞机

　　第一架飞机在飞行过程中出现了翻转的现象，科学家经过研究，发现了蜻蜓翅膀上的翅痣。翅痣是蜻蜓的每片翅膀前缘上方的角质加厚的部分，它可以帮助蜻蜓克服飞行时的"颤振"，保证蜻蜓在飞行中的平稳。于是人们将这一原理应用到了机翼上，克服了飞机原来的毛病。

为什么蝙蝠视力差却能在夜里飞行？

蝙蝠分布于世界各地，有900多种。大多数种类的蝙蝠白天睡觉，夜间觅食。其实，蝙蝠的视力并不好，但它们能在黑夜里捕捉到飞蚊。这是怎么回事呢？这是因为蝙蝠在夜晚捕食主要依靠的并不是眼睛，而是声波。

在飞行时，蝙蝠会发出一种超声波信号，人类是无法听到的，因为它们

的频率很高。这些超声波的信号若是在
飞行路线上碰到障碍物，就会立刻反射
回来，像雷达一样，蝙蝠由此就能发现
此障碍物，并且辨别出是移动还是静止
的，以及障碍物的大概位置。

蝙蝠虽然有翅膀，但它们的翅膀和
鸟类的翅膀是不同的。蝙蝠的翅膀实际
上是由前肢演化而来的，又被称作翼

手。其前肢特别发达，上臂、前臂、掌骨、指骨都特别长，一层薄而多毛的皮膜从指骨末端一直延伸到肱骨、体侧、后肢及尾巴，形成了蝙蝠独特的可以飞行的翅膀。

WHY 你知道吗？

倒挂习性和食性

由于蝙蝠的前肢长，后肢短，不能站立，所以它们总是用后腿脚趾钩住树枝或其他物倒挂，这样既安全又舒适，一有危险便乘风逃跑，如果伏在地上就不会如此灵敏了。蝙蝠种类不同，食性也有所不同，有的蝙蝠吸食牛、羊等动物的血液，有的蝙蝠吸食花蜜、果实，有的蝙蝠喜欢捕食昆虫等小动物。

wèi shén me láng de yǎn jing zài yè lǐ 为什么狼的眼睛在夜里
huì fā guāng 会发光？

你知道狼是怎样生活的吗？从外形上来看，它们与狗相似，但是它们要比狗消瘦，毛色多呈棕黄或者灰黄色。狼可是一种非常狡猾的动物，它们的适应能力很强，全世界都有分布。通常情况下，狼主要生活在森林、沙漠、山地、寒带草原地区。而且，它们还是

群居性极高的动物，一群狼的数量为5~12只，在冬天寒冷的时候最多可到40只左右。

作为狡猾的猎手，它们嗅觉灵敏，听觉极佳，善于奔跑，耐力极强，通常以羚羊、兔子、鹿为食。狼通常善于在夜间活动，而且在夜晚，它们的眼睛会发出荧荧绿光，让人胆战心惊。为什么它们的眼睛会发绿光呢？因为狼的眼睛构造奇特，它们的

yǎn qiú shàng yǒu xǔ duō jīng diǎn zhè
眼球上有许多晶点，这

xiē jīng diǎn yǒu hěn qiáng de fǎn
些晶点有很强的反

shè guāng xiàn néng lì láng zài
射光线能力。狼在

xíng dòng shí zhè xiē jīng diǎn
行动时，这些晶点

néng jiāng jí wēi ruò de fēn sàn de
能将极微弱的分散的

guāng jù jí chéng shù fǎn shè chū lái
光聚集成束反射出来，

zhè ràng tā men yōng yǒu jí qiáng de yè shì néng lì zài yè jiān
这让它们拥有极强的夜视能力。在夜间

de sēn lín zhōng nà xiē duǒ cáng zài àn chù de láng shuāng yǎn fā
的森林中，那些躲藏在暗处的狼，双眼发

chū yíng yíng de lǜ guāng hǎo xiàng yí duì duì shǎn liàng de lǜ dēng
出荧荧的绿光，好像一对对闪亮的绿灯

long cóng wài miàn kàn qǐ lái fēi cháng kǒng bù
笼，从外面看起来非常恐怖。

WHY 你知道吗

捕杀战术

　　狼的智商很高，它们捕杀猎物时，会采取踩点、埋伏、攻击、打围、堵截等战术，组织严密，很有章法。如果暂时落单的狼被人发现，它为了不使狼群暴露，往往会逃向与狼群相反的方向，牺牲自己，保全群体，体现出了超凡的智慧。

为什么蜘蛛网粘不住蜘蛛自己？

蜘蛛是织网的天才，它们可以吐出有很强黏性的蛛丝，然后用这些蛛丝织成蛛网，飞行中的昆虫一旦触网便被牢牢地粘住，不能逃跑，很快便成为蜘蛛的美餐。但蜘蛛自己不会被粘住，这是为什么呢？因为它们的脚趾上有一层薄薄的、像润滑剂一样的油，有了这层油，蜘蛛就可以在网

上任意穿行了。蜘蛛网只是蜘蛛捕捉食物的工具，而不是蜘蛛的居所，它们的窝藏在网边的墙缝、树洞里。蜘蛛是非常狡猾的家伙，它们不仅用网来捕捉小动物，在它们的窝里还要设一条丝与网连接，一旦小虫触网，丝就给它们通了信息，它们就赶忙去处理。

蜘蛛是昆虫界的"纺织专家"。其实，蜘蛛的丝并不是由嘴吐出的，而是靠它们腹部的"吐丝器"吐出来的。吐丝器上有上千个小孔，可以喷出一种叫纤丝蛋白的液体，一遇空气就氧化成坚韧、透明的细丝。

shí jì shàng　　　 yì gēn zhū sī shì yóu shù qiān gēn xì sī zǔ chéng
实际上，一根蛛丝是由数千根细丝组成

de　　 zài xiǎn wēi jìng xià kě yǐ kàn dào zhè xiē xì sī dōu shì
的，在显微镜下可以看到这些细丝都是

zhōng kōng de guǎn zi　　 lǐ miàn chōng mǎn le nián yè　　 zhè xiē nián
中空的管子，里面充满了黏液，这些黏

yè tōng guò guǎn bì bú duàn xiàng wài shèn tòu　　 shǐ wǎng sī hù xiāng
液通过管壁不断向外渗透，使网丝互相

néng zhān lián qǐ lái
能粘连起来。

WHY 你知道吗？

种类和分布

　　蜘蛛的种类繁多，分布较广，适应性强，它们能在土表、土中、树上、草间、石下、洞穴、水边、低洼地、灌木丛、房屋内外结网生活，也能在淡水中（如水蛛）、海岸湖泊带（如湖蛛）栖息。可以说，水、陆、空到处都有蜘蛛的踪迹。

为什么萤火虫能发出闪闪的荧光？

在夏日夜晚的田野中，人们经常可以看到夜空中有一盏盏的"小灯笼"飞来飞去，它们就是萤火虫。萤火虫的身体细长而扁平，一般来说，大多只有雄性有翅，而雌性无翅。为什么萤火虫能发光呢？

萤火虫之所以能发光，就是因为在

它的腹部表端有一个发光器。这个发光器一般会长在腹部的倒数第二和第三节之间，但因为萤火虫种类繁多，所以种类间也存在较大的差异。在萤火虫的发光器上面，覆盖着一层透明的角质表皮，另外还有几千个内含荧光素和荧光素酶的发光细胞在表皮下排列着。当体内氧气充足时，发光细胞就会与被气管吸入的氧气相互作用，产生氧化荧光素，并将由此产生的能量转化为荧光。萤火虫在发光时几

乎不产生热量，所以尽管荧光很亮，却并不会灼手，也就是说萤火虫发的光是一种"冷光"。那么，为什么萤火虫发出的光会表现出一明一暗的样子呢？这是它的开关气门控制氧气进入发光器的结果。

WHY? 你知道吗？

外貌特征

萤火虫是萤科甲虫的通称，全世界有2000多种。一般体形较小，眼睛呈半球形，头顶上长有一对颚，弯起来成一把钩子，钩子里有条钩槽。钩子像头发丝一样细小，很尖利，像注射器的针头，叫作口针。身体扁平细长，前胸背板特别长，像头盔一样保护着头部。

wèi shén me jīng yú yào pēn shuǐ
为什么鲸鱼要喷水？

鲸鱼是一种生活在海洋中的哺乳动物，依靠肺来呼吸。鲸鱼的肺部巨大，有些鲸鱼的肺部重达1500千克，可容纳15,000升空气。如此巨大的肺部可以使鲸鱼不必短时间频繁浮上海面呼吸，但是潜水时间长了，鲸鱼还是要出来换气的。鲸鱼换气时，会先将肺部的空

气排出来，在强大的压力下，鲸鱼的鼻孔会发出很大的声音，有时甚至会像火车的汽笛声。这些强大的气流还会把海水带到空中，从而形成壮观的水柱。

鲸的种类很多，常见的有蓝鲸、虎鲸、白鲸、独角鲸等。蓝鲸是地球上体积最大的动物，力量非常大，一头大型

lán jīng kě yǐ yǔ yì jié huǒ chē tóu de lì liàng xiāng pǐ dí
蓝鲸可以与一节火车头的力量相匹敌。

hǔ jīng sù yǒu shā rén jīng zhī chēng xìng qíng xiōng hěn cán
虎鲸素有"杀人鲸"之称，性情凶狠残

bào shì yì zhǒng dà xíng
暴，是一种大型

chǐ jīng bái jīng shì
齿鲸。白鲸是

yì zhǒng tǐ xíng jiāo
一种体形"娇

xiǎo de jīng yě shì
小"的鲸，也是

shì jiè shàng wéi yī yì zhǒng
世界上唯一一种

rǔ bái sè de jīng dú
乳白色的鲸。独

jiǎo jīng shì shì jiè shàng wéi yī yǒu cháng yá de jīng zú zú yǒu
角鲸是世界上唯一有长牙的鲸，足足有

mǐ cháng
4~5米长。

WHY 你知道吗？

哺乳动物

　　鲸生活在海洋里，外表看起来像鱼，但其实它们并不是鱼，而是胎生的哺乳动物。鲸是温血动物，表皮下有厚厚的脂肪层，能够保持体温。为了适应水中的生活，鲸的后肢已经完全退化，前肢和尾巴化成鳍，所以鲸已经不能适应陆地活动了。

飞鱼是怎么飞起来的？

从来都是鸟儿会飞，但你知道吗？有种鱼也是会飞的，这就是飞鱼。飞鱼是一种长相奇特的鱼，它的胸鳍极为发达，一直延伸到尾部，就像鸟儿的翅膀一样。它的身体呈流线型，这能让它在海中以每秒10米的速度游动。飞鱼在高速游动的同时还能高高地跃出水面，在空中停留长达40秒。据统计，飞鱼最远

néng fēi xíng　　　yú mǐ　　dàn shì fēi yú yòu shì gè zhǒng xiōng
能飞行400余米。但是飞鱼又是各种凶

měng yú lèi zhēng xiāng bǔ shí
猛鱼类争相捕食

de duì xiàng　　yú shì zài
的对象，于是在

zāo yù qí tā yú lèi de xí
遭遇其他鱼类的袭

jī　　huò zhě shòu dào mǒu zhǒng
击，或者受到某种

shēng yīn de cì jī shí　　tā
声音的刺激时，它

men jiù huì yuè chū shuǐ miàn
们就会跃出水面。

kē xué jiā men yán jiū fā
科学家们研究发

xiàn　　fēi yú de zhè zhǒng fēi xíng bìng bù néng suàn zhēn zhèng de fēi
现，飞鱼的这种飞行并不能算真正的飞

xíng　　tā zhǐ shì pāi dǎ zhe zì jǐ de yú qí zài kōng zhōng huá
行，它只是拍打着自己的鱼鳍在空中滑

xiáng。fēi yú zài huá xiáng qián huì bǎ
翔。飞鱼在滑翔前会把

yú qí tiē jìn shēn tǐ yí dàn
鱼鳍贴近身体，一旦

lí kāi shuǐ miàn tā jiù huì bǎ yú
离开水面它就会把鱼

qí zhāng kāi wěi bù yě huì gēn
鳍张开，尾部也会跟

zhe kuài sù pāi jī shuǐ miàn shǐ tā
着快速拍击水面，使它

néng gòu huò dé zú gòu de tuī dòng lì wán
能够获得足够的推动力完

quán lí kāi shuǐ miàn kě shì fēi yú de zhè yì jué zhāo bìng bù
全离开水面。可是，飞鱼的这一绝招并不

jué duì bǎo xiǎn yīn wèi zài kōng zhōng yě bú shì jué duì ān quán
绝对保险，因为在空中也不是绝对安全

de nà xiē zài kōng zhōng huá xiáng de fēi yú wǎng wǎng huì bèi kōng
的。那些在空中滑翔的飞鱼往往会被空

zhōng fēi xíng de hǎi niǎo suǒ bǔ huò yǒu de huì shuāi luò dào hǎi
中飞行的海鸟所捕获，有的会摔落到海

dǎo shàng yǒu de zé huì zhuàng zài jiāo shí shàng shī qù shēng mìng
岛上，有的则会撞在礁石上失去生命。

WHY? 你知道吗？

捕获飞鱼

　　一到4、5月份，飞鱼就会从热带海域到我国的内海产卵，以繁殖后代。因此渔民们就根据飞鱼的这种繁殖习惯，在它们的必经海域上设置大量的挂网，来捕捉飞鱼。

为什么猫头鹰睡觉时会睁一只眼，闭一只眼？

猫头鹰一般白天休息，夜晚活动。白天时，猫头鹰会闭着眼睛坐在树枝上睡觉，但它们的两只眼睛并不是都闭上的，而是闭一只，睁一只，这是为什么呢？这和猫头鹰的眼睛构造有关，猫头鹰的眼睛长在头部正前方，其视网膜主要由圆柱细胞构成，这种细胞

néng gòu gǎn shòu dào bǐ jiào àn de guāng xiàn　　yě jiù shì shuō
能够感受到比较暗的光线，也就是说，

māo tóu yīng yǎn jing de gǎn guāng dù fēi cháng qiáng　　bái tiān guāng xiàn
猫头鹰眼睛的感光度非常强。白天光线

tài guò qiáng liè　　māo tóu yīng de yǎn jing huì shòu dào cì jī
太过强烈，猫头鹰的眼睛会受到刺激，

suǒ yǐ tā men jǐn liàng bì zhe yǎn jing　　dàn yīn wèi hài pà zāo dào
所以它们尽量闭着眼睛。但因为害怕遭到

dí hài　　suǒ yǐ tā men huì zhēng zhe yì zhī yǎn jing　　bǎo chí
敌害，所以它们会睁着一只眼睛，保持

gāo dù jǐng jué de zhuàng tài
高度警觉的状态。

māo tóu yīng jù yǒu yīng yí yàng de gōu zhuàng huì hé zhǎo
猫头鹰具有鹰一样的钩状喙和爪，

shǔ yú ròu shí xìng měng qín　　māo tóu yīng de shuāng yǎn wèi yú zhèng
属于肉食性猛禽。猫头鹰的双眼位于正

qián fāng yǎn de sì zhōu yǒu fàng shè zhuàng yǔ máo xíng chéng
前方，眼的四周有放射状羽毛，形成

miàn pán tā men de yè shì lì jí hǎo tīng jué líng
"面盘"。它们的夜视力极好，听觉灵

mǐn tā men de yǔ máo hěn róu
敏。它们的羽毛很柔

ruǎn fēi xíng shí qiāo wú
软，飞行时悄无

shēng xī zhǔ yào yǐ shǔ
声息，主要以鼠

lèi wéi shí shì liǎo bu
类为食，是了不

qǐ de nóng lín wèi shì
起的农林卫士。

WHY 你知道吗？

猫头鹰的种类

猫头鹰又称鸮，指鸮形目中的所有鸟类，品类繁多，包括姬鸮、穴鸮、仓鸮、雕鸮、雪鸮等。姬鸮是世界上最小的猫头鹰。因为个头比较小，所以它们往往可以利用啄木鸟凿出的树洞做巢。仓鸮又叫猴面鹰，是世界上分布范围最广泛的猫头鹰之一。雕鸮是中国体形最大的猫头鹰，数量较少。雪鸮栖息在北极苔原，全身洁白，主要捕食北极的旅鼠和野兔。

为什么蛇没有脚还能走？
wèi shén me shé méi yǒu jiǎo hái néng zǒu

蛇属于爬行动物，它的脚已退化，
shé shǔ yú pá xíng dòng wù   tā de jiǎo yǐ tuì huà

是靠着腹部的肌肉和鳞片扒着地面行走
shì kào zhe fù bù de jī ròu hé lín piàn bā zhe dì miàn xíng zǒu

的。蛇有一条很长的脊梁骨，是由许多
de   shé yǒu yì tiáo hěn cháng de jǐ liáng gǔ   shì yóu xǔ duō

块脊椎骨连成的，每块脊椎骨两边都各
kuài jǐ zhuī gǔ lián chéng de   měi kuài jǐ zhuī gǔ liǎng biān dōu gè

有一根肋骨，与肚子下面的鳞片相连，
yǒu yì gēn lèi gǔ   yǔ dù zi xià miàn de lín piàn xiāng lián

肋骨可前后自由运
lèi gǔ kě qián hòu zì yóu yùn

动。在收缩肌肉
dòng   zài shōu suō jī ròu

时，肋骨就带动
shí   lèi gǔ jiù dài dòng

鳞片移动。蛇的
lín piàn yí dòng   shé de

鳞片比较韧，不
lín piàn bǐ jiào rèn   bú

透水，也不能随着
tòu shuǐ   yě bù néng suí zhe

shēn tǐ de shēng zhǎng ér xiāng yìng de zhǎng
身体的生长而相应地长

dà suǒ yǐ shé zhǎng dà yì xiē jiù xū yào tuì yí cì pí
大，所以蛇长大一些就需要蜕一次皮，

tuì pí hòu xīn zhǎng de lín piàn bǐ yuán lái de yào dà xiē shé
蜕皮后新长的鳞片比原来的要大些。蛇

lín de gòu zào bù jǐn yǒu fáng zhǐ shuǐ fèn zhēng fā hé jī xiè sǔn
鳞的构造不仅有防止水分蒸发和机械损

shāng de zuò yòng yě shì shé méi yǒu jiǎo què néng gòu pá xíng de
伤的作用，也是蛇没有脚却能够爬行的

zhǔ yào yīn sù lín piàn rú yì zhī zhī xiǎo jiǎo cǎi zhe dì miàn huó
主要因素。鳞片如一只只小脚踩着地面活

dòng shǐ shēn tǐ xiàng qián yí dòng shé de xíng dòng wú shēng wú
动，使身体向前移动。蛇的行动无声无

xī ér qiě kuài sù mǐn jié biàn yú tā bǔ liè
息，而且快速敏捷，便于它捕猎。

shì shí shàng shé de zhěng gè shēn tǐ dōu shì yùn dòng qì
事实上，蛇的整个身体都是运动器

官。蛇身虽长，但很灵活，它的脊椎骨有100~400块，而哺乳动物一般只有16块左右，所以蛇爬起来非常快。

WHY? 你知道吗？

蛇的大嘴

蛇的头并不大，但嘴可吞食比头还要大的食物。这是因为蛇的下颌是由两块彼此分开的骨头组成的，由韧带连接，可自由下垂，还可同时或交错向左右扩展，大嘴可张成130度角。

为什么昙花的开花时间很短？

　　昙花的奇异之处在于夜间开花，并且开花的时间极短，一般只有几个小时，故称"昙花一现"。那么昙花为什么这么特别呢？

　　这就要从昙花的原产地说起，昙花原产于南美洲的热带沙漠。昙花开放时需要大量水分，沙漠地区本就缺水，且白天沙漠中气温极高，水分蒸发量极大，只有在夜晚气温变低，蒸

<ruby>发<rt>fā</rt></ruby><ruby>作<rt>zuò</rt></ruby><ruby>用<rt>yòng</rt></ruby><ruby>减<rt>jiǎn</rt></ruby><ruby>弱<rt>ruò</rt></ruby><ruby>的<rt>de</rt></ruby><ruby>情<rt>qíng</rt></ruby><ruby>况<rt>kuàng</rt></ruby><ruby>下<rt>xià</rt></ruby>，<ruby>根<rt>gēn</rt></ruby><ruby>系<rt>xì</rt></ruby><ruby>才<rt>cái</rt></ruby><ruby>能<rt>néng</rt></ruby><ruby>够<rt>gòu</rt></ruby><ruby>吸<rt>xī</rt></ruby><ruby>收<rt>shōu</rt></ruby>

<ruby>并<rt>bìng</rt></ruby><ruby>储<rt>chǔ</rt></ruby><ruby>存<rt>cún</rt></ruby><ruby>更<rt>gèng</rt></ruby><ruby>多<rt>duō</rt></ruby><ruby>的<rt>de</rt></ruby><ruby>水<rt>shuǐ</rt></ruby><ruby>分<rt>fèn</rt></ruby>，<ruby>进<rt>jìn</rt></ruby><ruby>而<rt>ér</rt></ruby><ruby>供<rt>gōng</rt></ruby><ruby>花<rt>huā</rt></ruby><ruby>朵<rt>duǒ</rt></ruby><ruby>补<rt>bǔ</rt></ruby><ruby>充<rt>chōng</rt></ruby><ruby>吸<rt>xī</rt></ruby>

<ruby>收<rt>shōu</rt></ruby>，<ruby>所<rt>suǒ</rt></ruby><ruby>以<rt>yǐ</rt></ruby><ruby>娇<rt>jiāo</rt></ruby><ruby>嫩<rt>nèn</rt></ruby><ruby>的<rt>de</rt></ruby><ruby>昙<rt>tán</rt></ruby><ruby>花<rt>huā</rt></ruby><ruby>选<rt>xuǎn</rt></ruby><ruby>择<rt>zé</rt></ruby><ruby>了<rt>le</rt></ruby><ruby>在<rt>zài</rt></ruby><ruby>夜<rt>yè</rt></ruby><ruby>晚<rt>wǎn</rt></ruby><ruby>开<rt>kāi</rt></ruby><ruby>放<rt>fàng</rt></ruby>。

<ruby>另<rt>lìng</rt></ruby><ruby>外<rt>wài</rt></ruby>，<ruby>昙<rt>tán</rt></ruby><ruby>花<rt>huā</rt></ruby><ruby>开<rt>kāi</rt></ruby><ruby>在<rt>zài</rt></ruby><ruby>夜<rt>yè</rt></ruby><ruby>晚<rt>wǎn</rt></ruby>，<ruby>也<rt>yě</rt></ruby><ruby>是<rt>shì</rt></ruby><ruby>因<rt>yīn</rt></ruby><ruby>为<rt>wèi</rt></ruby><ruby>热<rt>rè</rt></ruby><ruby>带<rt>dài</rt></ruby><ruby>沙<rt>shā</rt></ruby><ruby>漠<rt>mò</rt></ruby>

<ruby>有<rt>yǒu</rt></ruby><ruby>很<rt>hěn</rt></ruby><ruby>多<rt>duō</rt></ruby><ruby>昆<rt>kūn</rt></ruby><ruby>虫<rt>chóng</rt></ruby><ruby>是<rt>shì</rt></ruby><ruby>在<rt>zài</rt></ruby><ruby>夜<rt>yè</rt></ruby><ruby>间<rt>jiān</rt></ruby><ruby>活<rt>huó</rt></ruby><ruby>动<rt>dòng</rt></ruby><ruby>的<rt>de</rt></ruby>，<ruby>在<rt>zài</rt></ruby><ruby>夜<rt>yè</rt></ruby><ruby>晚<rt>wǎn</rt></ruby><ruby>开<rt>kāi</rt></ruby>

<ruby>放<rt>fàng</rt></ruby><ruby>有<rt>yǒu</rt></ruby><ruby>利<rt>lì</rt></ruby><ruby>于<rt>yú</rt></ruby><ruby>花<rt>huā</rt></ruby><ruby>粉<rt>fěn</rt></ruby><ruby>的<rt>de</rt></ruby><ruby>传<rt>chuán</rt></ruby><ruby>播<rt>bō</rt></ruby><ruby>以<rt>yǐ</rt></ruby><ruby>及<rt>jí</rt></ruby><ruby>植<rt>zhí</rt></ruby><ruby>株<rt>zhū</rt></ruby><ruby>的<rt>de</rt></ruby><ruby>繁<rt>fán</rt></ruby><ruby>衍<rt>yǎn</rt></ruby><ruby>生<rt>shēng</rt></ruby>

<ruby>殖<rt>zhí</rt></ruby>。<ruby>至<rt>zhì</rt></ruby><ruby>于<rt>yú</rt></ruby><ruby>昙<rt>tán</rt></ruby><ruby>花<rt>huā</rt></ruby><ruby>开<rt>kāi</rt></ruby><ruby>放<rt>fàng</rt></ruby><ruby>时<rt>shí</rt></ruby><ruby>间<rt>jiān</rt></ruby><ruby>短<rt>duǎn</rt></ruby>，<ruby>也<rt>yě</rt></ruby><ruby>是<rt>shì</rt></ruby><ruby>为<rt>wèi</rt></ruby><ruby>了<rt>le</rt></ruby><ruby>能<rt>néng</rt></ruby><ruby>让<rt>ràng</rt></ruby>

<ruby>植<rt>zhí</rt></ruby><ruby>株<rt>zhū</rt></ruby><ruby>保<rt>bǎo</rt></ruby><ruby>留<rt>liú</rt></ruby><ruby>部<rt>bù</rt></ruby><ruby>分<rt>fen</rt></ruby><ruby>生<rt>shēng</rt></ruby><ruby>长<rt>zhǎng</rt></ruby><ruby>所<rt>suǒ</rt></ruby><ruby>需<rt>xū</rt></ruby><ruby>的<rt>de</rt></ruby><ruby>水<rt>shuǐ</rt></ruby><ruby>分<rt>fèn</rt></ruby><ruby>和<rt>hé</rt></ruby><ruby>养<rt>yǎng</rt></ruby><ruby>分<rt>fèn</rt></ruby>，

<ruby>以<rt>yǐ</rt></ruby><ruby>保<rt>bǎo</rt></ruby><ruby>证<rt>zhèng</rt></ruby><ruby>植<rt>zhí</rt></ruby><ruby>株<rt>zhū</rt></ruby><ruby>能<rt>néng</rt></ruby><ruby>够<rt>gòu</rt></ruby><ruby>正<rt>zhèng</rt></ruby><ruby>常<rt>cháng</rt></ruby><ruby>生<rt>shēng</rt></ruby><ruby>长<rt>zhǎng</rt></ruby>。

昙花是一种附生肉质灌木植物。昙花的开花季节一般在 6 ～ 10 月，昙花开放时，花筒慢慢翘起，绛紫色的外衣慢慢展开，然后由 20 多片花瓣组成的、洁白如雪的大花朵就开放了。为了适应干旱的环境，昙花没有叶子，以扁平的变态茎取代叶子进行光合作用。茎的边缘呈波浪状，表皮有一层蜡质，可减少水分蒸发。

WHY 你知道吗？

同时开放的特性

昙花还有一种特性：如果不开就一朵也不开，要开就整株或一个地区的同种昙花同时开放。因此，一株栽培管理良好的昙花，夏季往往同时开放几十朵花，开花时清香四溢，场面极为壮观。

寄生植物是如何不劳而获的？

我们知道，寄生虫寄生在人体中，靠汲取人体的营养而生长。同样，植物界中也有这样的寄生者，其中典型的代表就是菟丝子。菟丝子是一种细藤状植物，由于体内的细胞中几乎没有叶绿体，没有办法自己制造足够的营养物质，所以只能靠汲取其他植物的营养生存。

菟丝子身上有许多吸盘，最爱以荨麻、大豆和棉花等农作物为寄主植物。

当暖春到来之后，多年生的荨麻开

<ruby>始<rt>shǐ</rt></ruby><ruby>萌<rt>méng</rt></ruby><ruby>芽<rt>yá</rt></ruby><ruby>并<rt>bìng</rt></ruby><ruby>快<rt>kuài</rt></ruby><ruby>速<rt>sù</rt></ruby><ruby>生<rt>shēng</rt></ruby><ruby>长<rt>zhǎng</rt></ruby>。<ruby>此<rt>cǐ</rt></ruby><ruby>时<rt>shí</rt></ruby>，<ruby>附<rt>fù</rt></ruby><ruby>近<rt>jìn</rt></ruby><ruby>地<rt>dì</rt></ruby><ruby>里<rt>lǐ</rt></ruby><ruby>也<rt>yě</rt></ruby>

<ruby>会<rt>huì</rt></ruby><ruby>钻<rt>zuān</rt></ruby><ruby>出<rt>chū</rt></ruby><ruby>一<rt>yì</rt></ruby><ruby>条<rt>tiáo</rt></ruby><ruby>犹<rt>yóu</rt></ruby><ruby>如<rt>rú</rt></ruby><ruby>小<rt>xiǎo</rt></ruby><ruby>白<rt>bái</rt></ruby><ruby>蛇<rt>shé</rt></ruby><ruby>一<rt>yí</rt></ruby><ruby>样<rt>yàng</rt></ruby><ruby>的<rt>de</rt></ruby><ruby>幼<rt>yòu</rt></ruby><ruby>苗<rt>miáo</rt></ruby>，<ruby>扭<rt>niǔ</rt></ruby>

<ruby>曲<rt>qū</rt></ruby><ruby>着<rt>zhe</rt></ruby><ruby>向<rt>xiàng</rt></ruby><ruby>上<rt>shàng</rt></ruby><ruby>攀<rt>pān</rt></ruby><ruby>爬<rt>pá</rt></ruby>，<ruby>这<rt>zhè</rt></ruby><ruby>就<rt>jiù</rt></ruby><ruby>是<rt>shì</rt></ruby><ruby>菟<rt>tù</rt></ruby><ruby>丝<rt>sī</rt></ruby><ruby>子<rt>zǐ</rt></ruby><ruby>的<rt>de</rt></ruby><ruby>幼<rt>yòu</rt></ruby><ruby>苗<rt>miáo</rt></ruby>。

<ruby>一<rt>yí</rt></ruby><ruby>旦<rt>dàn</rt></ruby><ruby>它<rt>tā</rt></ruby><ruby>碰<rt>pèng</rt></ruby><ruby>上<rt>shàng</rt></ruby><ruby>荨<rt>qián</rt></ruby><ruby>麻<rt>má</rt></ruby><ruby>的<rt>de</rt></ruby><ruby>茎<rt>jīng</rt></ruby><ruby>干<rt>gàn</rt></ruby>，<ruby>就<rt>jiù</rt></ruby><ruby>会<rt>huì</rt></ruby><ruby>立<rt>lì</rt></ruby><ruby>即<rt>jí</rt></ruby><ruby>紧<rt>jǐn</rt></ruby><ruby>紧<rt>jǐn</rt></ruby>

<ruby>缠<rt>chán</rt></ruby><ruby>上<rt>shàng</rt></ruby>，<ruby>然<rt>rán</rt></ruby><ruby>后<rt>hòu</rt></ruby><ruby>顺<rt>shùn</rt></ruby><ruby>着<rt>zhe</rt></ruby><ruby>茎<rt>jīng</rt></ruby><ruby>干<rt>gàn</rt></ruby><ruby>向<rt>xiàng</rt></ruby><ruby>上<rt>shàng</rt></ruby><ruby>攀<rt>pān</rt></ruby><ruby>爬<rt>pá</rt></ruby>，<ruby>并<rt>bìng</rt></ruby><ruby>用<rt>yòng</rt></ruby><ruby>小<rt>xiǎo</rt></ruby>

<ruby>小<rt>xiǎo</rt></ruby><ruby>的<rt>de</rt></ruby><ruby>吸<rt>xī</rt></ruby><ruby>盘<rt>pán</rt></ruby><ruby>楔<rt>xiē</rt></ruby><ruby>入<rt>rù</rt></ruby><ruby>荨<rt>qián</rt></ruby><ruby>麻<rt>má</rt></ruby><ruby>的<rt>de</rt></ruby><ruby>茎<rt>jīng</rt></ruby><ruby>内<rt>nèi</rt></ruby>，<ruby>汲<rt>jí</rt></ruby><ruby>取<rt>qǔ</rt></ruby><ruby>荨<rt>qián</rt></ruby><ruby>麻<rt>má</rt></ruby><ruby>茎<rt>jīng</rt></ruby><ruby>内<rt>nèi</rt></ruby>

<ruby>的<rt>de</rt></ruby><ruby>养<rt>yǎng</rt></ruby><ruby>分<rt>fèn</rt></ruby>。<ruby>当<rt>dāng</rt></ruby><ruby>它<rt>tā</rt></ruby><ruby>的<rt>de</rt></ruby><ruby>根<rt>gēn</rt></ruby><ruby>和<rt>hé</rt></ruby><ruby>叶<rt>yè</rt></ruby><ruby>派<rt>pài</rt></ruby><ruby>不<rt>bú</rt></ruby><ruby>上<rt>shàng</rt></ruby><ruby>用<rt>yòng</rt></ruby><ruby>场<rt>chǎng</rt></ruby><ruby>后<rt>hòu</rt></ruby>，

<ruby>根<rt>gēn</rt></ruby><ruby>就<rt>jiù</rt></ruby><ruby>会<rt>huì</rt></ruby><ruby>逐<rt>zhú</rt></ruby><ruby>渐<rt>jiàn</rt></ruby><ruby>消<rt>xiāo</rt></ruby><ruby>失<rt>shī</rt></ruby>，<ruby>而<rt>ér</rt></ruby><ruby>叶<rt>yè</rt></ruby><ruby>片<rt>piàn</rt></ruby><ruby>则<rt>zé</rt></ruby><ruby>退<rt>tuì</rt></ruby><ruby>化<rt>huà</rt></ruby><ruby>成<rt>chéng</rt></ruby><ruby>半<rt>bàn</rt></ruby><ruby>透<rt>tòu</rt></ruby>

míng de xiǎo lín piàn   yǔ gēn
明的小鳞片。与根

yè xiāng fǎn   tā de jīng
叶相反，它的茎

huì xùn sù shēng zhǎng
会迅速生长，

yí gè jìnr de chōu chū
一个劲儿地抽出

gèng duō de xīn jīng   mì
更多的新茎，密

mi má má de chán zhe qián má
密麻麻地缠着荨麻，

zhí dào qián má zuì hòu kū wěi yāo zhé   zhè shí tù sī zǐ huì zhàn
直到荨麻最后枯萎夭折。这时菟丝子会绽

fàng chū xǔ duō fěn hóng sè de xiǎo huā   jiē chū zhǒng zi   sǎ
放出许多粉红色的小花，结出种子，撒

luò zài dì shàng   děng dào cì nián chūn tiān yòu huì fán zhí chū xīn de
落在地上，等到次年春天又会繁殖出新的

yí dài
一代。

WHY? 你知道吗?

荨麻

　　荨麻，别名咬人草、蝎子草，多年生草本植物，主要生长在山地、林中或路边。其茎叶上的蜇毛有毒性，人及猪、羊等动物一旦碰上就会像蜂蜇一样疼痛，它的毒性会使皮肤产生刺激性皮炎，如瘙痒、红肿等。

为什么银杏树被称作"活化石"？

银杏树是我国特产的树种，虽然分布比较广，各地均有栽培，但是数量不算太多，而且是银杏科唯一生存下来的种类，所以我国的银杏树有"活化石"之称。

古生代时期，银杏就已经在地球上诞生了。但是，随着新生植物种类的滋生和繁衍，银杏树开始有所衰退。后来地

qiú shàng fā shēng le duō cì dà miàn jī bīng chuān yùn dòng zì běi
球上发生了多次大面积冰川运动，自北

jí nán xià de bīng chuān yǎn mái le zhū duō zhí wù yǐ zhì yín
极南下的冰川掩埋了诸多植物，以致银

xìng zài ōu zhōu hé běi měi zhōu jué jì zài yà zhōu dà lù yín
杏在欧洲和北美洲绝迹。在亚洲大陆，银

xìng yě jī hū jué zhǒng dàn yóu yú wǒ guó de shān mài duō wéi dōng
杏也几乎绝种。但由于我国的山脉多为东

xī zǒu xiàng qǐ dào zǔ gé bīng chuān de zuò yòng ér huá zhōng
西走向，起到阻隔冰川的作用，而华中

hé huá dōng yí dài yě zhǐ shòu dào bīng chuān de jú bù qīn xí
和华东一带也只受到冰川的局部侵袭，

yīn cǐ yín xìng zài wǒ guó jiǎo xìng de shēng cún xià lái bìng
因此，银杏在我国侥幸地生存下来，并

chéng wéi wǒ guó tè yǒu de huó huà shí
成为我国特有的"活化石"。

一到秋天，银杏树上就会挂满圆圆的白色果实，因此银杏树也叫白果树。白果刚被采下时，是圆鼓鼓的，有一层厚厚的肉。人们食用时，把外面的肉去掉，只剩下一个带硬壳的白果。

WHY 你知道吗？

银杏的叶子

银杏的叶子非常特别，就像一把把打开的小扇，形状别致美观。夏天的时候，银杏叶是绿色的，到了秋天就会变黄，给秋天增添一道亮丽的风景线。它的叶子不仅有很高的观赏价值，还是一味重要的药材，可用于治疗脑血管痉挛、冠心病、心绞痛等。

为什么数年轮能知道树木的年龄？

树木通常都是比较长寿的，它们的生存期限都很长。百年以上的树木比比皆是，甚至有着上千年树龄的古树也并不罕见。那么，如何才能知道树木的年龄呢？这就要仔细观察树的年轮了。

树的年轮是指树木每年在茎干上形成的圆圈。有一圈特别活跃、分裂极快

的细胞生长在树木茎干的韧皮部内侧，这些细胞能够形成新的韧皮组织及木材，这就是形成层。也就是说，树干增

粗是要完全靠它的。不同的生长季节，这些细胞的生长情况具有明显差异。春、夏两季是最适宜树木生长的一段时间，此时形成层里的细胞分裂快，产生的细胞体积大，细胞壁薄，纤维较少，输送水分的导管多，生长迅速，这样生长成的树木被称为早材或春材。到了秋天，其活动会逐渐减弱，细胞壁厚，纤维较多，导管数目较少，产生的细胞很

小，这样的树木被

称为秋材或晚材。

树木一年之内所

形成的木材，即由早材

和晚材合起来所形成的这个圆环，被称

为年轮。通常来说，一年只形成一圈年

轮，所以，我们根据年轮的圈数便能知

道树木的年龄。但也要注意，并不是所有

树木的年龄，都可以用数年轮的办法来测

知，这种方法只适用于某些地区的树木。

WHY? 你知道吗？

所有的树都能用年轮判断年龄吗？

并不是这样的。例如，在热带地区，由于四季的差别不是很大，所以那里的树木并没有年轮。还有一些树木会受到季节的影响，一年之中会形成好几个年轮，我们称这种年轮为假年轮。

植物的寿命有多长？

植物的寿命可不像人类这样，只有短短几十年，植物的寿命长短差别极大。有些植物寿命非常短，在几周内就会过完"一生"。在非洲的撒哈拉大沙漠里，有一种叫短命菊的菊科植物，它是

世界上寿命最短的植物之一。在干旱的沙漠里，雨水十分稀少，只要有一点点雨水的滋润，短命菊的种子就会马上发芽生长，在短暂的几个星期里，完成发芽、生根、生长、开花、结果、死亡的全过程。而有些植物寿命极长，能够存活几千年。比如，银杏、红杉、龙血树等，它们都是植物界的"老寿星"。

duì yú shēng mìng de zhěng gè jìn chéng　bù tóng de zhí wù
对于生命的整个进程，不同的植物
wǎng wǎng yǐ jié rán bù tóng de fāng shì dù guò　yǒu xiē zhí wù
往往以截然不同的方式度过。有些植物
jiāng tā men de quán bù néng
将它们的全部能
liàng fàng zài yì shēng jǐn yí
量放在一生仅一

cì de kāi huā　jié zhǒng
次的开花、结种
shàng miàn wèi le fán zhí
上面，为了繁殖，
jìn qíng rán shāo zì jǐ　yǒu
尽情燃烧自己。有
xiē zhí wù zé nián fù yì nián de chí xù kāi huā　zhōu ér fù shǐ
些植物则年复一年地持续开花，周而复始
de fán zhí xià qù
地繁殖下去。

WHY 你知道吗？

寿命极长的千岁兰

千岁兰是一种寿命极长的植物。19世纪植物学家刚发现千岁兰的时候，曾推测它的寿命可达百年。但随着岁月的流逝，那些被发现了百年的千岁兰仍然健壮如初。于是科学家利用碳14对其植株进行了测定：被测植株中有些在纳米布沙漠中存活了1000多年，最老的年龄已超过了2000岁。

为什么说地球上的氧气源于植物？

地球上的氧气究竟是从哪里来的呢？研究发现，大气中的氧气全是来源于地球上植物的光合作用。所谓光合作用，通常认为是在可见光（即太阳光）的照射下，植物利用叶绿体中的叶绿素吸收阳光，经过光反应和碳反

应（旧称暗反应），将二氧化碳（或硫化氢）和水转化为有机物，并释放出氧气（或氢气）的生化过程。光合作用能够顺利进行的必要条件是叶绿体中叶绿素的催化作用。在通常情况下，需要很多能量才能将水分子分解成氢和氧。例如，需要把水加热到足够高的温度或者给水通上很强的电流，才可以分解水分

zǐ 子。kě shì 可是，zài yì bān de wēn dù xià 在一般的温度下，yè lǜ sù hěn róng 叶绿素很容yì jiù néng dá dào zhè ge mù dì 易就能达到这个目的，yóu cǐ kě jiàn 由此可见，yè lǜ sù 叶绿素de cuī huà zuò yòng shì duō me qiáng dà 的催化作用是多么强大。

WHY 你知道吗？

光合作用

　　光合作用是一系列复杂的代谢反应的总和，是生物界赖以生存的基础，也是地球上二氧化碳与氧气保持平衡的重要媒介。

为什么含羞草会"害羞"？

含羞草属多年生草本植物，它不像一般草本植物那样柔弱。它的茎从基部开始分枝，呈直立或倾斜状，高达20~50厘米，全身长着又长又软的毛和尖锐的刺。它的掌状复叶，由四个羽片合成。每片羽片上都长着许多小叶片，与一般的掌状复叶并不相同。此外，我们都知道含羞草是一种十分有趣的植物，只要

用手轻轻一碰或有什么风吹草动，它就会迅速地将叶片合拢起来。如果继续触碰，它甚至会将整个叶片都垂下来，显出"害羞"的样子，含羞草的名称便由此而来。

为什么含羞草会"怕羞"呢？这是因为含羞草的叶柄基部有一个膨大的叶枕组织，叶枕里充满水分，下半部比上

半部压力大。当含羞草的叶子被碰到时，叶子振动，叶枕下部凹陷，上部鼓起来，叶子下部的水分跑掉了，而上部充满水分，小叶就会合拢，叶柄下垂，像害羞似的。所以，含羞草的"害羞"其实是适应环境的一种结果。

WHY 你知道吗？

含羞草的自我保护

含羞草对外界刺激十分敏感，传达刺激的速度为每分钟 10 厘米。这种敏感对它的生长很有利。因为它原产于美洲热带地区，那里经常发生狂风暴雨，有了这种本领，就能使它免受伤害，这也是含羞草自我保护的一种方式。

大王花真的奇臭无比吗？

我们熟悉的花，大多散发着清香，可是大王花却奇臭无比，使得很多动物都不愿靠近它。

大王花生长在热带雨林中，它刚冒

出地面时，只有乒乓球那么大，经过几个月的缓慢生长，花蕾由乒乓球般大小，变成卷心菜般大小，接着肉质花瓣缓缓张开，然后经过两天两夜的时间，花才

会完全绽放。大王花初开时有点儿淡淡的香气，不到几天就散发出一种令人恶心的臭味。因为它要靠这股臭气引来苍蝇为其传粉。

　　大王花不仅臭，还非常"懒"。它是一种寄生植物，寄生在一种藤本植物上，靠吸取这类植物的营养生存。吸取的营养均供应在花的生长上，整朵花便

shì tā de quán bù le
是它的全部了。

dà wáng huā shì
大王花是

shì jiè shàng zuì dà de
世界上最大的

huā zhí jìng dá
花，直径达 90

lí mǐ xiàng yì zhāng dà
厘米，像一张大

yuán zhuō zi zài huā bàn zhī jiān
圆桌子。在花瓣之间

yǒu yí gè yuán xíng de huā cáo xiàng gè dà liǎn pén dà wáng
有一个圆形的花槽，像个大脸盆。大王

huā de huā qī zhǐ yǒu tiān huā qī guò hòu dà
花的花期只有 4～5 天，花期过后，大

wáng huā zhú jiàn diāo xiè yán sè màn màn biàn hēi zuì zhōng biàn
王花逐渐凋谢，颜色慢慢变黑，最终变

chéng yì tān nián hū hū de hēi dōng xi
成一摊黏糊糊的黑东西。

WHY 你知道吗？

大王花的发现

　　第一个发现大王花的植物学家是法国探险家路易·奥古斯特·德尚，他是一支法国科学考察队的一名成员。1797 年，他收集了现在被称为霍氏大王花的一个标本。

为什么铁树不容易开花？

铁树，又称苏铁，是一种美丽的观赏植物，也是世界上最古老的观赏常绿乔木之一。它树形美观，四季常青。一根主茎拔地而起，四周无分枝，所有的叶片均集中生长在茎干顶端。铁树叶大坚挺，形状如传说中的凤凰的尾巴，为此，又有人称它为"凤尾蕉"。人们常用铁树开花来比喻十分难

得、非常罕见的事，其实铁树并不是不
开花，只要在适宜的气候条件下，它就
会开花、结果。铁树一般在夏季开花，
它的花分雌花、雄花两种，并且这两种
花的形状非常不同：雄花很大，好似一
个巨大的玉米芯，刚开花时呈鲜黄色，
成熟后逐渐变成褐色；而雌花却像一个
大绒球，刚开花时为灰绿色，以后也会变
成褐色。但一株铁树上只能开一种花。

由于铁树的花并不鲜艳醒目，所以不熟悉的人大多视而不见。另外，铁树原产于美洲和非洲的热带地区，那里气候炎热，铁树只要种植10年就会开花，以后每年开一次。而人们之所以认为它不会开花，是因为它在我国常常处于温带和寒带气温变化较大的气候条件下，在这种不太适宜的环境中，铁树自然就很难开花了。

低等植物和高等植物

地球上的植物可分为低等植物和高等植物，低等植物没有根、茎、叶的分化，因而不会开花。低等植物包括苔藓、蕨类和种子植物，其中苔藓和蕨类植物也不开花。所以我们日常看到的五彩缤纷的花朵都是种子植物所开的花。

为什么向日葵总是朝向太阳？

向日葵又名朝阳花，因其花常朝着太阳而得名。它的花为头状花序，通常称为花盘。每天，花盘总是歪向太阳，这是为什么呢？

科学家们研究发现，这是由于植物生长素的作用。植物

生长素很有意思，阳光在哪儿，它就会从哪儿逃开，就好像是故意这样做一样。比如早上，太阳从东方升起，向日葵茎秆里的植物生长素就集中到西边，

背光面的细胞迅速繁殖，于是，背光面就长得非常快，使整个花盘朝着太阳的方向弯曲。随着太阳由东向西移动，植物生长素在茎秆里也不断地背着阳光移动，所以，向日葵就总是跟着太阳转。

向日葵的大花盘在远处看就像一朵

huā   shí jì shàng tā shì yóu jǐ bǎi duǒ xiǎo huā zǔ chéng de
花，实际上它是由几百朵小花组成的。

cù shēng huā duǒ guī lǜ de pái liè fāng shì bèi chēng wéi huā xù
簇生花朵规律的排列方式被称为花序，

ér xiàng xiàng rì kuí zhè yàng yóu xǔ duō xiǎo huā zǔ chéng de dà huā
而像向日葵这样由许多小花组成的大花

pán jiù jiào tóu zhuàng huā xù
盘就叫头状花序。

WHY 你知道吗？

葵花的种子

向日葵除外形酷似太阳以外，它的花朵明亮大方，也像太阳，适合观赏、摆饰；它的种子更具经济价值，不但可以做成受人喜爱的葵花子，更可榨出低胆固醇的高级食用葵花油。

爬山虎是怎么"爬"的？

许多植物为了能够获得更大的生存空间，从而得到更多的阳光及其他资源，都练就了一套自己的本领。比如，有些植物的茎内机械组织非常发达，这样就能使其直立往上生长；还有一些植物的茎，幼时很柔软，无法直立，但它能缠绕在其他物体上，以使枝叶能升高；有的茎也是幼时较柔软，但它们能够借助特有的结

构攀缘而上；还有一些细长柔弱的茎，会沿着地面葡匐生长。

夏天，我们总能在大树干或旧墙壁上看到一大片青绿的蔓，而冬天一到就只剩一些光秃秃的藤条，这就是爬山虎。那么爬山虎是靠什么爬上光滑的墙、石壁或树干的呢？与葡萄科其他植物相比，爬山虎是很不一样的。其他植物一般靠由变态枝变态形成的卷须攀附其他物体上升。爬山虎也有卷须，并且有不少分枝。在卷须的顶端有一个圆而凹的吸盘，而在吸盘的边缘能够分泌出黏液。当

xī pán jiē chù dào qiáng bì shí xī pán jiù huì bèi nián yè mì fēng
吸盘接触到墙壁时，吸盘就会被黏液密封

qǐ lái xíng chéng nèi wài yā lì chā hòu xī pán jiù néng gòu
起来，形成内外压力差后，吸盘就能够

chǎn shēng xī lì zhè
产生吸力，这

yàng yì lái xī pán jiù
样一来吸盘就

néng jǐn jǐn de xī zhù qiáng
能紧紧地吸住墙

bì hé shù gàn le lǎo
壁和树干了。老

zhī gù dìng hòu yòu zhī
枝固定后，幼枝

yòu jì xù wǎng qián shēng zhǎng yòu zhǎng chū xīn de juǎn xū hé xī
又继续往前生长，又长出新的卷须和吸

pán zhè yàng bù tíng de gù dìng shēng zhǎng bú dào yì liǎng nián
盘。这样不停地固定、生长，不到一两年

biàn zhǎng mǎn qiáng bì le
便长满墙壁了。

WHY 你知道吗？

顽强的爬山虎

　　爬山虎有着很强的适应性，无论是吉林还是海南岛都能看到它的踪迹；而且它们的生长速度很快，用不了一两年的时间就会占满一大块墙；而且它们生命力强，极易成活，随便插枝就能成活。

wèi shén me hú yáng néng zài shā mò zhōng shēng cún

为什么胡杨能在沙漠中生存？

hú yáng shì shēng huó zài shā mò zhōng de wéi yī de qiáo mù
胡杨是生活在沙漠中的唯一的乔木

shù zhǒng yǐ qiáng dà de shēng mìng lì wén míng yǒu shā mò
树种，以强大的生命力闻名，有"沙漠

yīng xióng shù de měi chēng
英雄树"的美称。

hú yáng wèi shì yìng gān hàn huán jìng zài jìn huà guò chéng
胡杨为适应干旱环境，在进化过程

zhōng zuò chū le xǔ duō gǎi biàn lì rú yè gé zhì huà
中做出了许多改变，例如，叶革质化、

zhī shàng zhǎng máo shèn zhì yòu shù shù yè xíng rú liǔ yè
枝上长毛，甚至幼树树叶形如柳叶，

以减少水分的蒸发等。然而，作为一棵大树，它还需要大量水分维持生存。那么，它需要的水从哪里来呢？原来，它是一类跟着水走的植物，沙漠河流流向哪里，它就跟到哪里。沙漠河流的变迁相当频繁，于是，胡杨在沙漠中处处留下了"驻足"的痕迹。

胡杨是荒漠地区独有的珍贵森林资源。它对稳定荒漠河流地带的生态平衡、防风固沙、调节绿洲气候以及形成肥沃的森林土壤，有着极其重要的作

用，是荒漠地区保护农牧业发展的天然屏障。

胡杨是杨柳科植物，是一种杨树。它的奇特之处在于，它有三种叶子，一种像杨树叶，一种像柳树叶，还有一种既像杨树叶又像柳树叶。胡杨叶子的这种异形现象在植物界是非常罕见的，所以胡杨又叫异叶杨。

WHY? 你知道吗？

胡杨的分布

根据统计，世界上的胡杨绝大多数分布在我国。在我国，除了柴达木盆地、河西走廊、内蒙古阿拉善一些流入沙漠的河流两岸能够看见少数胡杨，全国胡杨林面积的90%以上分布在新疆，而新疆胡杨树的90%左右分布于新疆南部的塔里木盆地。

为什么夜来香会在晚上散发香味？

通常花都是白天开放者居多，而且开花后就放出香气。但是夜来香却不是这样的，它只在夜间开放，开花后就能散出浓郁的香气来。为什么会这样呢？

夜来香这种夜间开花的习性，其实是经过长时间的演化而形成的。这是夜来香对环境的一种适应性表现。我们知道很多植

物都是依靠昆虫传粉来繁殖后代的。在白昼里，花开香飘，迎候使者，它们依靠白天活动的昆虫来为自己传播花粉。但是夜来香却凭借其强烈香气在黑夜里诱使昆虫来为它传送花粉。

"花不晒不香"这句话是有一定道理的，花瓣被太阳一晒，花瓣里的挥发油由于温度升高，很容易挥发出来，闻着也就特别香了。但是，夜来香白天很少开花，而且也很难闻到它的香气，即便有也只是淡淡的。为什么在没有太阳的夜里它的香气反而更浓呢？

这是由于夜来香的花瓣与白天开花的那些花的花瓣构造不同，它的花瓣上的气孔有个特点：当空气湿度增大，气孔就变大，这样蒸发的芳香油就多。由于夜间空气湿度比白天的大，因此它的气孔就能张得很大，放出的香气也就特别浓。而这也是"夜来香"名字的由来。

WHY 你知道吗？

夜来香对人体有害

夜间停止光合作用时，夜来香会排出大量的废气，对人的健康极为不利，因而晚上不应在夜来香花丛前久留。最好别把它放在室内，因为它会影响人们的正常睡眠。

为什么人参被誉为"百草之王"？

人参是多年生草本植物，喜欢在冷凉、湿润的地方生长，耐寒，怕积水，忌干旱和强光直射。人参自古被誉为"百草之王"，能"滋阴补生，扶正固本"。

人参的肉质根是著名的补药，有调整血压、恢复心脏功能、治疗神经衰弱和身体虚弱，以及祛痰、健

胃、利尿等功效。但是，由于产地和气候的不同，同一品种所含有的有效成分也不一样。

　　中药材行业按人参的品质、产地和生长环境的不同，把人参分为野山参、园参和高丽参三个品种。按照加工方法，还可以细分为生晒参、红参和糖参等。

rén shēn shì zhēn guì de
人参是珍贵的

zhōng yào cái yǐ dōng
中药材，以"东

běi sān bǎo zhī shǒu
北三宝"之首，

chí míng zhōng wài zài wǒ
驰名中外。在我

guó shí yòng rén shēn yǐ yǒu
国，食用人参已有

hěn cháng de lì shǐ zǎo zài shén
很长的历史，早在《神

nóng běn cǎo jīng lǐ jiù jiāng tā liè wéi shàng pǐn
农本草经》里就将它列为上品。

WHY 你知道吗？

野生人参处境危险

因为长期过度采挖，人参的天然分布区日益缩小，赖以生存的森林生态环境遭到严重破坏，中原产区（山西南部、河北南部、河南、山东西部）的野生人参早已灭绝。当前，东北的野生人参也十分少见，所以，保护野生人参这一自然资源有着重要意义。

为什么榕树能"独木成林"？

独木怎能成林呢？人们也许会感到疑惑。但是，有一种在热带和亚热带地区生长的大树就能创造出这样美妙的景观。它的名字是榕树。

榕树是一种寿命长、生长快、侧枝和侧根都非常发达的树种。它的主干和枝条上可以长出许多气生根，向下垂落，落地入土后不断增粗成为支柱根，支柱根不分枝、不长叶，具有吸收水分和养料的作用，同时还支撑着不断向外扩展的树枝，使树冠不断扩大，这样，柱根相连、柱枝相托、枝叶扩展，就形成遮天蔽日、独木成林的奇观。

我国台湾、福建、广西等地都有榕树生长，福州的榕树特别多，因而有"榕城"之称。

小鸟很喜欢食用榕树的果实，其中坚硬不能消化的种子则随着鸟粪四处散播，除了在热带地区的那些古

塔、墙头、屋顶上可以看到小鸟播种的小榕树，甚至在大榕树上也生长着小鸟播种的小榕树，构成了树上有树的奇特景观。

WHY 你知道吗？

鸟的天堂

我国广东省江门市新会区有一棵大榕树，树冠遮天蔽日，犹如一片茂密的森林，这里距海不远，成为以鱼为食的鹤、鹳等鸟类早出晚宿的栖息场所，是知名的鸟的天堂，在清晨和傍晚，可以在这里看到百鸟齐飞的壮观景象。

为什么仙人掌不长叶子
而是长刺？

仙人掌类植物的种类很多，其形状也是千姿百态、变化无穷。其植株色泽清雅、脱俗，花色艳丽，十分耐看。仙人掌的体表大都生有刺或毛，却没有叶子，这是为什么呢？

美洲热带或亚热带干旱沙漠、半沙漠地区是大多数仙人掌类植物

的家乡，仙人掌类植物的主要产地为西印度群岛等地区，主要出产国家为墨西哥、巴西、阿根廷、美国等。仙人掌类植物傲然生存于寸草不生的沙漠里，成了沙漠中一道奇特、旖旎的风光。在这里，除极少数地区外，年降水量一般不低于200毫米，但一年内降水量分布非常不均匀。雨季的时候，有时降水量会非常大，而旱季一到，却可能几个月也不见一滴雨。由于沙漠土壤的储水能力极差，因此土壤

极度缺水。这就导致仙人掌的根系在地下吸收水分很困难，而叶片却很容易将水分散发掉。为了避免水分的快速蒸腾消耗、适应沙漠的气候，仙人掌的叶子就慢慢地退化了，逐渐缩小变细，经过漫长的演变，成了现在这样一根根的刺。如果仙人掌不长刺的话，在荒芜的沙漠地带，很容易被动物吃掉，所以它长刺也是为了保护自己。可见，仙人掌的外形、结构特征都是对环境适应的结果。

WHY? 你知道吗？

仙人掌能吃吗？

仙人掌可以食用，它一直是美洲传统的食物之一。在当地人的日常生活中，仙人掌是一种不可或缺的蔬菜和水果。仙人掌的吃法多样，可以酿酒，还能做成果干。但要注意的是，有毒的品种是不能吃的。

为什么会有"藕断丝连"的情形？

藕为睡莲科植物的肥大根茎。当我们折断藕时，可以观察到在断藕之间，还连着无数条长长的白色藕丝。为什么会出现这种藕断丝连的现象呢？

植物生长需要有输送水分和养料的组织，而植物输送水分的组织主要是一些空心的长筒形细胞

组成的导管。这些导管在植物体内四通

八达，在叶、茎、花、果等器官中，就

像血管在动物体内一样畅通无阻。导管

内壁在一定的部位会增厚，形成各种纹

理，有的呈现环状，有的呈现梯形，

有的呈现网形。藕的导

管壁增厚部位是连续成

螺旋状的，

这些螺旋状

的导管平时盘

曲着，在藕被折断

的时候，导管内壁增厚的螺旋部脱离，

成为螺旋状的细丝，这些细丝像弹簧

一样非常有弹性，在弹性限度内不会被

拉断。

藕断丝连只会发生在藕被折断的情况下。倘若用锋利的刀切断藕的话，就很少会在切口上看到这种丝，因为细胞间的连锁结构被破坏了，就像弹簧被切断了一样。

WHY 你知道吗？

营养美味

藕，白净滚圆、微甜而脆，既可凉拌，也可炒、炖、炸、煮，是餐桌上的常见菜。以藕为食材所做的知名菜肴有八宝酿藕、炸藕盒等。藕富含淀粉、蛋白质、B族维生素、维生素C、脂肪、碳水化合物及钙、磷、铁等多种矿物质，能够养阴清热、润燥止渴、利尿通便，是一种老少皆宜、健康营养的美食。

wèi shén me dà suàn shì shū cài zhōng de liáng yào
为什么大蒜是蔬菜中的良药?

在英国历史上发生过一场罕见的大瘟疫,病死者不计其数。唯独一家人逃过了劫难,原因是这家人喜食大蒜,而且平时经常食用。

大蒜之所以能杀菌、防病,是因为它含有一种叫作"大蒜素"的物质,这种物质具有极强的杀菌作用。

有人做过这样一个实验:将大蒜捣烂,用吸管吸

取蒜液，滴入培养了许多白喉杆菌的培养器皿里。经过一段时间就可以在显微镜下观察到：凡是有蒜液的地方，就看不到活的白喉杆菌了。

大蒜素的杀菌能力大概是青霉素的100倍。

另外，大
蒜还富含锗和
硒等微量元
素，这些微量
元素对心脑血管
疾病和癌症有很好
的预防作用。因为大蒜中的硒能保护心
脏、减少胆固醇、治疗高血压，所以，经
常食用大蒜的人不易患冠心病。

WHY 你知道吗？

大蒜有奇效

　　大蒜素与维生素 B_1 结合能够产生蒜硫胺素，具有消除疲劳、增强体力的奇效。还有一种蒜氨酸也是大蒜独有的成分，当它进入血液时便会成为大蒜素，这种大蒜素即便稀释 10 万倍仍旧可以瞬间杀死伤寒杆菌、痢疾杆菌、流感病毒等病菌。

为什么叶子到了秋天会变色？
wèi shén me yè zi dào le qiū tiān huì biàn sè

叶子的颜色取决于它所含有的色素。
yè zi de yán sè qǔ jué yú tā suǒ hán yǒu de sè sù
一般的叶子含有大量的叶绿素，还有胡萝
yì bān de yè zi hán yǒu dà liàng de yè lǜ sù hái yǒu hú luó
卜素、花青素和叶黄素等。
bo sù huā qīng sù hé yè huáng sù děng

夏天的叶子能保持绿色，是因为不
xià tiān de yè zi néng bǎo chí lǜ sè shì yīn wèi bú
断有新的叶绿素来代替那些褪色的老叶绿
duàn yǒu xīn de yè lǜ sù lái dài tì nà xiē tuì sè de lǎo yè lǜ
素。到了秋天，天气逐渐转冷，大多数叶
sù dào le qiū tiān tiān qì zhú jiàn zhuǎn lěng dà duō shù yè
子产生叶绿素的能力就会
zi chǎn shēng yè lǜ sù de néng lì jiù huì
受到影响。叶绿素遭破
shòu dào yǐng xiǎng yè lǜ sù zāo pò
坏的速度超过
huài de sù dù chāo guò
了它生成的
le tā shēng chéng de
速度，于是树叶的绿
sù dù yú shì shù yè de lǜ

色逐渐褪去，变成黄色。黄叶的形成是因为叶黄素和胡萝卜素还留在叶子里。

有些树种的树叶还会变红，如枫树的叶子，这是因为枫叶里除了含有大量的叶绿素、叶黄素、胡萝卜素，还有大量的花青素。叶子产生花青素的能力与它周边的环境变化密切相关。例如，当冷空气到来致使气温骤降时，植物中的花

qīng sù jiù róng yì xíng chéng
青素就容易形成。

zhí wù de yè zi chú
植物的叶子除

le kě yǐ jìn xíng guāng hé
了可以进行光合

zuò yòng hái kě yǐ jìn xíng
作用，还可以进行

zhēng téng zuò yòng yè zi tōng
蒸腾作用。叶子通

guò zhēng téng zuò yòng qí nèi bù
过蒸腾作用，其内部

dà liàng shuǐ fèn bú duàn biàn wéi zhēng qì cóng ér dài zǒu le dà
大量水分不断变为蒸汽，从而带走了大

liàng de rè jiàng dī le zhí wù de tǐ wēn yǐ bǎo zhèng zhí
量的热，降低了植物的体温，以保证植

wù de zhèng cháng shēng zhǎng cǐ wài yè nèi shuǐ fèn de zhēng téng
物的正常生长。此外，叶内水分的蒸腾

hái néng shǐ zhí wù nèi de shuǐ fèn hé róng jiě zài shuǐ zhōng de wú
还能使植物内的水分和溶解在水中的无

jī yán de hán liàng shàng shēng
机盐的含量上升。

WHY? 你知道吗？

树木为什么落叶？

    树叶落了，树干里面的水分就不容易跑掉，有了充足的水分和养料，树木就可以安全过冬了。因此，落叶也是树木为来年的正常生长所做的一种准备。

为什么吃辣椒会让人觉得辣？

每次吃辣椒，脑门儿都直冒汗，就像要喷火一样，这是怎么回事？

辣椒里有一种物质，名叫辣椒素。辣椒素会刺激人的皮肤和舌头上能够感受痛和热的区域，令大脑产生灼热疼痛

的辛辣感觉。

科学家通过对生长在美国亚利桑那州南部沙漠地带的一种野生辣椒进行研究，发现生活在附近的鼠类等小型哺乳动物根本不碰这种辛

辣的食物，吃辣椒似乎是鸟类的专利。

实验表明：辣椒果实被小型哺乳动物吃掉，种子经过消化排出以后，几乎不能发芽。但鸟类的消化系统几乎不会对辣椒种子造成这样的侵害。所以科学家认为辣椒之所以这么辣，其实是辣椒对自我的一种保护。

当你被辣椒辣到的时候，会非常痛苦，很多人自然而然地想通过喝水的方式来冲淡辣味，其实，这样做收效甚微。这是因为，辣椒素会紧紧地与味觉器官上的神经受体相结合，并且它是非水溶性物质，因此喝水是起不到缓解作用的。此时喝些牛奶是个不错的选择，尤其是脱脂牛奶。

WHY 你知道吗？

辣椒的益处

辣椒具有活血的作用，能够促进血液循环，这也是人们吃完辣椒会感觉发热的原因之一。在寒冷的冬季，适当食用辣椒，能够预防伤风感冒，另外，辣椒对冻伤、夜盲症等也有一定的预防作用。

WHY?
这是为什么

胡文萱◎主编

北京工艺美术出版社

图书在版编目（CIP）数据

WHY？这是为什么．人体奥秘／胡文萱主编．－－北京：北京工艺美术出版社，2022.10
ISBN 978-7-5140-2450-0

Ⅰ．①W… Ⅱ．①胡… Ⅲ．①科学知识－儿童读物②人体－儿童读物 Ⅳ．① Z228.1 ② R32-49

中国版本图书馆 CIP 数据核字（2022）第 094506 号

出 版 人：陈高潮　　策 划 人：杨　宇　　装帧设计：上上设计
责任编辑：张怀林　　责任印制：王　卓
法律顾问：北京恒理律师事务所　丁　玲　张馨瑜

WHY？这是为什么·人体奥秘
WHY？ZHE SHI WEISHENME·RENTI AOMI

胡文萱　主编

出　　版	北京工艺美术出版社	
发　　行	北京美联京工图书有限公司	
地　　址	北京市西城区北三环中路6号 京版大厦B座702室	
邮　　编	100120	
电　　话	（010）58572763（总编室）	
	（010）58572586（编辑室）	
	（010）64280045（发　行）	
传　　真	（010）64280045/58572763	
网　　址	www.gmcbs.cn	
经　　销	全国新华书店	
印　　刷	天津海德伟业印务有限公司	
开　　本	700 毫米×1000 毫米　1/16	
印　　张	8	
字　　数	90千字	
版　　次	2022年10月第1版	
印　　次	2022年10月第1次印刷	
印　　数	1～20000	
书　　号	ISBN 978-7-5140-2450-0	
定　　价	199.00元（全五册）	

WHY？
这是为什么
Preface

前言

　　随着孩子们不断长大，他们探索大千世界的欲望会越加强烈，他们的小脑袋里会时不时冒出各种各样的问题。如，太阳是一个大火球吗？美丽的彩虹是谁画出来的？鸟儿为什么能飞那么高？树叶到了秋天为什么会变黄？心脏为什么跳个不停？眼泪为什么是咸的？……这些层出不穷的"小问题"，是孩子们对这个世界的初步探索。

　　为了满足孩子们的好奇心，开阔他们的视野，启发他们的创造力和想象力，我们精心编排了这套《WHY？这是为什么》丛书。这是一套融趣味性、知识性、科学性于一体的少儿百科全书，囊括了天文、地理、动物、植物、历史、生活、人体等多个领域的知识。本系列图书从孩子的视角出发，所选内容简单易懂，用语生动有趣，全彩注音，装帧精致，插图唯美。

　　希望孩子们能通过阅读本丛书领略到一个精彩奇妙、色彩斑斓的大千世界。我们衷心祝愿每一位孩子都能在本丛书的陪伴下茁壮成长。

目录

Contents

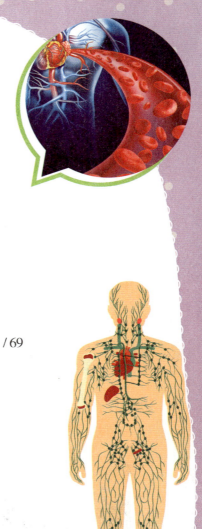

我们的身体是由什么构成的？

你知道吗，我们的身体是由数以万亿计的细胞构成的。人的生命最初只是一个细胞，然后这个细胞不断分裂，细胞的数量不断增多，就形成了人体。

为了维持人体的正常运转，人体内的细胞时刻都在不辞辛劳地工作。不同细

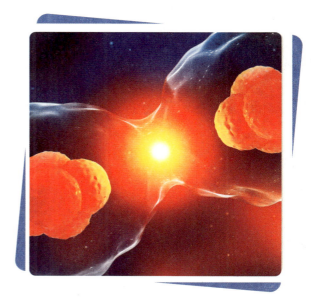

bāo de jī běn gòu zào
胞的基本构造
jī běn shàng shì xiāng tóng
基本上是相同
de　　chú le hóng xì
的。除了红细
bāo　　wǒ men shēn tǐ
胞，我们身体
lǐ de měi gè xì bāo
里的每个细胞
dōu yǒu yí gè xì bāo
都有一个细胞
hé　　tā xiāng dāng yú
核，它相当于

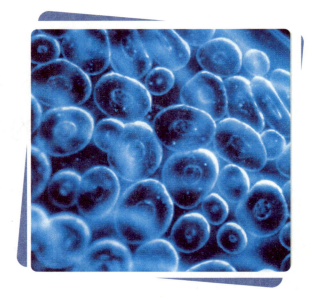

xì bāo de kòng zhì zhōng xīn　　shì zuì zhòng yào de xì bāo jié
细胞的控制中心，是最重要的细胞结
gòu　　xì bāo hé zhī wài bèi xì bāo mó bāo guǒ zhe de nián chóu
构。细胞核之外被细胞膜包裹着的黏稠、
tòu míng de yè tǐ wù zhì biàn shì xì bāo zhì　　xì bāo zhì lǐ
透明的液体物质便是细胞质。细胞质里
miàn bāo hán zhe xì bāo de bù jiàn　　wǒ men chēng qí wéi xì
面包含着细胞的部件，我们称其为细
bāo qì　　xì bāo qì gè sī qí zhí　　wán chéng zhe bù tóng de
胞器。细胞器各司其职，完成着不同的
rèn wu
任务。

xì bāo fēi cháng xiǎo　　shì zuì xiǎo de shēng mìng dān wèi
细胞非常小，是最小的生命单位。
chú le luǎn xì bāo xiàng féng yī zhēn de zhēn yǎn dà xiǎo　　qí tā
除了卵细胞像缝衣针的针眼大小，其他

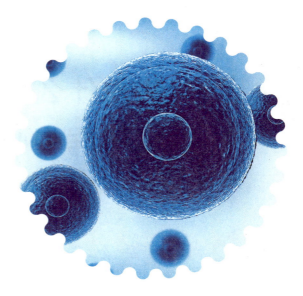

xì bāo wǒ men dōu yào jiè
细胞我们都要借

zhù xiǎn wēi jìng cái néng
助显微镜才能

kàn dào　　xì bāo de xíng
看到。细胞的形

zhuàng qiān zī bǎi tài
状千姿百态,

yǒu yuán zhù zhuàng de
有圆柱状的,

yǒu fāng kuài zhuàng de
有方块状的,

yǒu xì xiàn zhuàng de　　yǒu yuán qiú zhuàng de　　hái yǒu yuán pán
有细线状的, 有圆球状的, 还有圆盘

zhuàng de　　děng děng　　rén tǐ nèi de xì bāo gè sī qí zhí
状的, 等等。人体内的细胞各司其职,

bù tóng de xì bāo yǒu qí gāo dù zhuān mén huà de gōng néng
不同的细胞有其高度专门化的功能。

WHY 你知道吗?

细胞的组合

　　我们身体里面数量庞大的细胞会按照一定的规律组合起来,具有同样功能的细胞组合在一起,便构成了人体组织。众多的组织又会连接在一起,共同完成一项项具体的工作,这些组织就构成了人体器官。

大脑为什么是人体的指挥中心？

人体的每个器官都是极为复杂精密的，它们在人体中各司其职，有条不紊地工作着。如此缜密、有条理的系统肯定离不开伟大的指挥中心，那就是大脑。

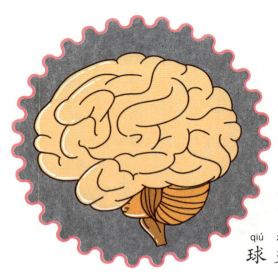

大脑分为左右两部分，每一部分负责身体的对侧部分，也就是说，左侧大脑半球支配右侧身体的运

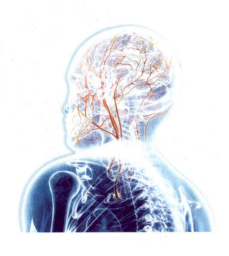

动和感觉，而右侧大脑半球支配左侧身体的运动和感觉。生活中，我们有时听说有人得了"半身不遂"，其实，如果是身体的右侧瘫痪的话，说明是左侧大脑半球或其与身体神经之间出了问题；相反，假如是左侧身体瘫痪的话，就是右侧大脑半球或其与身体神经之间出现了问题。

在大脑表皮上分布着身体各部分的运动和感觉等机能的功能区域，它们的作用通常会在外界环境的刺激下表现出来。比如，当有光线刺激眼睛，声音刺激耳朵，外伤刺激神经末梢时，眼睛、

耳朵等器官兴奋之后，这些器官就会通过各自的神经相联系，人的神经就会有冲动的表现，将这种冲动传到大脑皮质相应的区域后，就会引起视觉、听觉或痛觉等感觉。因此，大脑被称为人体的指挥中心。

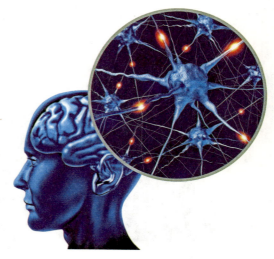

WHY 你知道吗？

勤于用脑更聪明

大脑皮质约有140亿个神经细胞，而我们常用的只不过才10亿个，还有80%~90%的脑细胞处于闲置状态！勤于用脑的人头脑非常灵活，这是因为在用脑过程中，脑血管供血充足，处于舒展状态。经常动脑会使大脑更加发达。

心脏为什么跳个不停？

心脏就像一个循环泵，每跳动一次，就从一端挤出血液，同时从另一端吸入血液。由心脏挤出的血液是含有丰富的氧气和营养物质的"干净血"，它通过动脉流向密布于体内的毛细血管中，把氧气和营养物质输送到人体各个部位。与此同时，细胞把排出的废物和二氧化碳排到血管中，由静脉输送到肺、

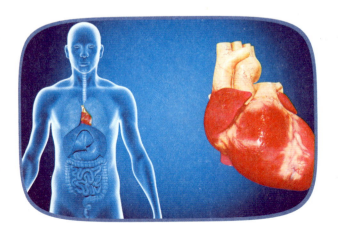

肾等器官，使血液净化后重新返回心脏。人体时时刻刻都需要氧

气和养分，这就需要通过血液循环来完成。另外，体内各种内分泌的激素和一些其他体液，也要通过血液循环运送到靶细胞，实现人体的体液调节，维持人体内环境的相对恒定，因此心脏跳个不停。

心脏通常位于人体胸腔中部偏左下方，夹在两肺之间。心脏内部有4个空腔，分别为左心房、左心室、右心房、右心室。左、右心房之间和左、右心室之间均由间隔隔开，互不相通。心脏的4个

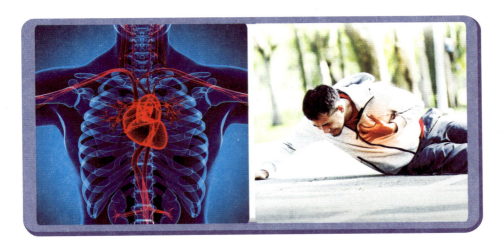

腔都连接大血管。心房与静脉相连，心
室与动脉相连。其中左心房连肺静脉，
右心房连上、下腔静脉；左心室连主动
脉，右心室连肺动脉。

WHY 你知道吗？

心脏病患者适合做运动吗？

对心脏病患者来说，进行适量的运动有助于促进血液循环，
但要避免长时间的剧烈运动，因为那样不仅不能锻炼心脏，还会
引起心脏衰弱。

为什么鼻子能闻到气味？

鼻子是呼吸道的起始，也是嗅觉器官，分为外鼻、鼻腔和鼻旁窦三部分。外鼻位于面部中央。鼻腔是由骨和软骨围成的形状不规则的空腔，其内壁覆盖黏膜。鼻腔分为左、右两腔，向前以鼻孔通外界，向后以鼻后孔通于咽腔。每侧鼻腔均

分为前、后两部，前为鼻前庭，后为固有鼻腔。鼻腔里有一块大约10平方厘米的嗅觉黏膜，黏膜上约有1000万个嗅觉细胞。这些嗅觉细胞是人闻味道的感受器，当有气味的气体随气流进入鼻子时，鼻子里的嗅觉黏膜受到刺激，嗅觉细胞活跃起来，将信息传递给神经细胞，神经细胞将信息送达大脑皮质，大脑中的嗅觉中枢收到信息后，对信息进行分析，就能辨别出各种气味了。

xiù jué de líng mǐn xìng huì suí zhe nián
嗅觉的灵敏性会随着年

líng de zēng zhǎng ér huǎn màn xià jiàng
龄的增长而缓慢下降，

suì yǐ hòu　　　rén men de xiù
50岁以后，人们的嗅

jué zhú jiàn jiǎn tuì　　tōng cháng qíng
觉逐渐减退。通常情

kuàng xià　　nǚ xìng bǐ nán xìng de xiù jué
况下，女性比男性的嗅觉

líng mǐn　　chú nián líng yīn sù wài　　xiù jué líng mǐn xìng de gǎi biàn
灵敏。除年龄因素外，嗅觉灵敏性的改变

zuì pǔ biàn de yuán yīn shì jiǎn dān de shàng hū xī dào gǎn rǎn
最普遍的原因是简单的上呼吸道感染，

rú gǎn mào　　zhī qì guǎn yán huò liú gǎn　　quē fá yíng yǎng
如感冒、支气管炎或流感。缺乏营养，

rú quē fá yè suān　　wéi shēng sù　　　　zú wéi shēng sù
如缺乏叶酸、维生素A、B族维生素、

tiě　　xīn　　yě néng yǐn qǐ xiù jué xià jiàng
铁、锌，也能引起嗅觉下降。

挖鼻孔的危害

　　鼻腔的表面有一层很薄很嫩的黏膜，黏膜上分布着许多小血管，用手指挖鼻孔，指甲很容易损伤小血管引起出血，手上的细菌也会进入鼻孔，引起许多疾病。所以我们不要养成挖鼻孔的坏习惯。

舌头是怎么尝出味道的？

舌头是人或动物辨别味道的重要器官。有人将舌头叫作"味道检测器"，事实也的确如此，因为甜酸苦辣咸各种滋味，都要由舌头来品尝。为什么只有舌头才对味道有感觉？这其中的秘密就在舌头的"味蕾"上。舌头上分布着无数个味蕾，味蕾是接受味道刺激的感受器，它的外面有一层盖细胞，而里面就是细长的味觉

细胞了。在味觉细胞的末端有纤毛，叫味毛。支配味蕾的感觉神经末梢细支被包围在味觉细胞中间，它们会将味觉细胞的兴奋传送到大脑中的味觉中枢里。

尽管味蕾的结构都是一样的，但是通过它们所感受的味觉在性质上可分为甜、酸、苦、咸四种。另外，像涩、辣等味觉，都是由这四种融合而成的。对人类而言，分布在舌尖的味蕾主要负责感受甜味；在舌的两侧后半部分的味蕾主要

负责感受酸味；能够感觉到苦味的味蕾主要集中于舌头的根部；能够感受到咸味的味蕾主要分布于舌尖及舌头两侧的前半部分。

舌头上和口腔里除了味蕾，还有一些触觉及温度感受器，这些感觉在中枢神经内被综合起来，再加上嗅觉，就使感觉产生了复杂多样性。

WHY 你知道吗？

味蕾是什么？

味蕾长在舌头上的乳头状突起内，是味觉感受器，分布于舌的底面和口腔内的咽部、软腭等处。人在婴儿时期味蕾是最发达的，以后逐渐减少。因此，小孩子的味觉要比大人的灵敏得多。

眼睛是怎么看到世界的？

在人的所有感觉器官中，最完善最精巧的就是眼睛。眼睛是人的视觉器官，人看东西靠的是眼球。读书认字、看图赏画、欣赏美景等都要用到眼睛。眼睛能辨别不同的颜色和亮度的光线，并将这些信息转变成神经信号，传送给大脑。

眼球的最外面是一层无色且透明的角膜，如同照相机的镜头。外界的光线穿过眼角膜进入眼球，经过眼球里的晶状体和玻

璃体的折射，在视网膜上形成图像。人的视网膜上有两种细胞能产生视觉：视杆细胞和视锥细胞。视杆细胞对弱光敏感，在夜间及弱光下起作用。视锥细胞内有红、绿、蓝三种感光色素，它们不仅对光敏感，对颜色也非常敏感。任何一种有色光线射到视网膜上，都能不同程度地分别引起这三种视锥细胞发生兴

奋，从而使它们沿着不同的神经通道，传入大脑皮质中的视觉中枢，产生相应的色觉。当三种感光色素受到的刺激同等时，就显示白色。当它们受到不同比例的混合刺激时，即可形成各种各样的色觉，人们就是这样来认识和感知这个绚丽多彩的世界的。

眼睛的颜色

眼睛的颜色其实是指虹膜的颜色。黑眼睛的虹膜色素量最多，褐色眼睛的虹膜色素量少一些，而蓝眼睛是虹膜中色素量最少的一种。

为什么眼泪是咸的？

人的一生通常有三种泪水，一是借眨眼分泌的基本眼泪，其作用是湿润和清洁角膜，冲洗结膜囊内的异物，保护眼球；二是当灰尘进入眼睛或洋葱等东西中具有刺激性气味的挥发性物质冲向眼睛时，泪腺分泌的一些反射性眼泪，泪液内含有溶菌酶，它有杀菌作用，能将进入眼睛的细菌杀灭，保证眼睛的

清洁卫生。这两种眼泪虽然功能各不相同，却具有相似的化学成分；三是情感性眼泪，这种眼泪具有独特的化学成分。

那么，为什么眼泪是咸的呢？这是因为眼泪中含有盐。盐广泛分布于人体内，血液、体液和组织液里都含有盐分。眼泪是以血液作为原料，再由泪腺加工出来的。因此，眼泪中自然会含有盐。

那人为什么会流泪呢？原

来，当眼泪被泪腺分泌出来后，汇集到眼内侧的泪湖，然后流到泪囊，再经过鼻泪管来到鼻子里，最后被吸收、吹干。当人的情绪波动较大或眼睛受刺激时，眼泪会大量流出，来不及被吸收、吹干，人就流泪了。

WHY 你知道吗？

人为什么要眨眼？

　　眼球长时间工作会变得干燥。眨眼睛时，眼皮会给眼球送去一些眼泪，同时将眼球上的灰尘擦掉。另外，当眼睛进沙子或有其他突发状况发生时，眼睛也会不自觉地眨动，这是一种本能的自我保护行为。

为什么会近视？

近视眼已被公认为有一定的遗传倾向，对高度近视更是如此。但一般的近视，这一倾向不是很明显。有遗传因素者，患病年龄较早，度数多在600度以上。不过也有高度近视眼者无家族史。为什么眼睛会近视呢？

yì bān jìn shì yǒu liǎng
一般近视有两

zhǒng yì zhǒng shì xiān tiān xìng
种，一种是先天性

de tā shì rén tǐ fā yù
的，它是人体发育

de wèn tí lìng yì zhǒng shì
的问题；另一种是

hòu tiān xìng de shì yīn bú zhù
后天性的，是因不注

yì yǎn jing de jiàn kāng zào chéng
意眼睛的健康造成

de rén néng kàn de qīng yuǎn jìn de wù tǐ shì yīn wèi yǎn qiú
的。人能看得清远近的物体，是因为眼球

néng gòu tiáo zhěng duì wài jiè guāng xiàn de zhé shè jiǎo dù shǐ guāng
能够调整对外界光线的折射角度，使光

xiàn zhèng hǎo luò zài shì wǎng mó shàng dāng wǒ men kàn shū shí
线正好落在视网膜上。当我们看书时，

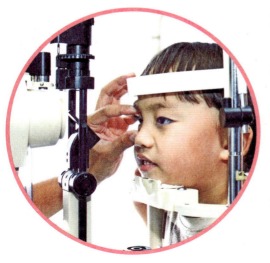

yǎn yǔ shū de jù lí cháng shí jiān
眼与书的距离长时间

guò jìn yǎn jing huì pí láo
过近，眼睛会疲劳，

zhè shí hou yuǎn chù jīng guò zhé shè
这时候远处经过折射

de guāng bú shì zhèng hǎo luò zài
的光不是正好落在

shì wǎng mó shàng ér shì luò zài
视网膜上，而是落在

le shì wǎng mó de qián miàn suǒ
了视网膜的前面，所

以远处的东西就难以看清，这就是近视眼。

造成后天性近视的原因很多，其中最重要的一点就是不注意用眼健康，长时间使眼睛处于紧张状态，从而使附着在眼球外面的肌肉的集合作用加强，逐渐形成近视。

WHY? 你知道吗？

激光为什么能矫正近视？

激光是可以用来矫正近视的，准分子激光是一种肉眼看不见的光束，它能将眼球前表面稍稍变平，使远处的物体在视网膜上形成清晰的图像，从而达到矫正视力的效果。不过我们小朋友的眼球还没有完全发育，并不适合做激光手术。

眉毛和眼睫毛有什么作用？

　　眉毛和眼睫毛不仅具有美化眼睛与面部的作用，还能为眼睛遮光挡雨。因此，保护好眉毛和眼睫毛，就是在保护眼睛。

　　眉毛是眼睛的屋檐，它的主要功能是防止雨水或汗水流入眼睛。眉毛边缘的弯曲形状和眉尖所指的方向，可以确保落在额头的水滴沿着脸的两旁和鼻子流过，而不会流入眼睛里。同时，眉毛阻挡了头皮屑和其他微小的细屑掉入眼睛中。眼睫毛呢，它的反应是"闪电式"的，当有外来物体触碰

它时，它就能传递触觉，引起闭眼反射，使眼球不受外来物的伤害。另外，眼睫毛还能防止紫外线直接照射眼睛，避免眼睛因紫外线直射而发生致疾的危险。所以，眉毛和眼睫毛不仅构成眼睛上的两道风景线，也共同构成眼睛的第一道防线。

眉毛的好坏与毛囊、毛乳头有密切的关系。毛囊或毛乳头均有数量不等的血管伸入毛球，这些血管与毛囊周围的血管分支相互交通，血液通过这里，提供眉毛生长所需要的营养物质。

WHY 你知道吗?

眼睫毛的寿命

眼睫毛在毛发中的寿命最短，平均寿命为 3～5 个月，不断更新，一根发育的眼睫毛，自拔除后开始计算，一周即可长出 1～2 毫米，约经 10 周，便可达到原来的长度。

为什么人的体温能保持恒定？

体温是人类生命活力的象征。但是，每个人的身高、体重、面孔各不相同，大家居住的地域也很广，有人居住在太阳直射的赤道附近，有人居住在冰天雪地的北极圈内，有人居住在海风习习的岛屿上，有人居住在干旱少雨的沙漠地带。有的地方气温高达60℃，有的地方气温却冷到-70℃。但是所有人的体温几乎都维持在37℃左右。为什么体温能保持恒定呢？

qí shí hū xī liú hàn pái xiè yǐ jí qí
其实，呼吸、流汗、排泄以及其

tā de shēn tǐ gōng néng dōu huì yǒu jié zòu de bō dòng qí zhǔ
他的身体功能都会有节奏地波动，其主

yào de mù dì shì wéi chí tǐ wēn héng dìng nǎo bù bǎo chí héng
要的目的是维持体温恒定。脑部保持恒

wēn bìng bú shì héng wēn dòng wù wéi chí héng wēn xìng de wéi yī
温，并不是恒温动物维持恒温性的唯一

lǐ yóu rén tǐ chǎn rè de jī zhì shí fēn fù zá zhè ge guò
理由。人体产热的机制十分复杂，这个过

chéng bì xū zài nǎo de jiān kòng zhī xià jìng zhǐ zhuàng tài xià
程必须在脑的监控之下。静止状态下，

nǎo bù yǐ jí shēn tǐ nèi bù qì guān bǐ rú xīn zàng fèi zàng
脑部以及身体内部器官（比如心脏、肺脏

hé shèn zàng suǒ chǎn shēng de rè chāo guò quán shēn chǎn rè de
和肾脏）所产生的热，超过全身产热的

suī rán tā men běn shēn de zhì liàng zhǐ zhàn quán shēn de bú
2/3，虽然它们本身的质量只占全身的不

到 10%。当我们运动的时候，肌肉所释放出来的热可以增大 10 倍，超过其他产热源。然而，即

使是在这些产热的极端状况下，我们的体温仍然保持正常，而且基本的本能反应仍然如常，这要归功于在体内热产量升高的同时，身体能够把热量迅速地扩散到四周环境中。

WHY 你知道吗?

人为什么会发烧?

　　有时，生病是因为病菌侵入了我们体内，发烧可以让病菌的死对头——白细胞和抗体增多，从而消灭病菌，使我们尽快恢复健康。但发烧毕竟是生病的表现，如果温度超过 39℃，或者持续发烧，就要尽快去医院诊治。

人体是如何防御病菌的？

我们生活的环境中，到处都有细菌和病毒，其中有很大一部分能引发疾病。那人体是如何防御病菌的呢？人体对病菌有三道防线，第一道防线是由皮肤和黏膜及其分泌物构成的，它们不仅能够阻挡细菌和病毒侵入人体，而且它们的分泌物（如乳酸、脂肪酸、胃酸和酶等）还有杀菌的作用。第一道

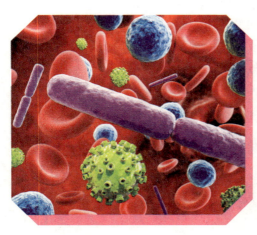

防线大部分都属于人体外部防御结构。
第二道防线是体液中的杀菌物质和吞噬
细胞。前两道防线是人在进化过程中逐
渐建立起来的天然防御功能，人生来就
有，不针对特定的病菌，对多种病菌都
有防御作用，叫作先天性免疫。第三道防
线主要由免疫器
官和免疫细胞借
助血液循环和淋
巴循环组成。第
三道防线是人后
天的防御功能，
是出生后才产
生的，只针对特
定的病菌或异物

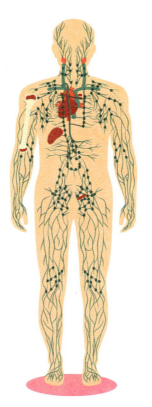
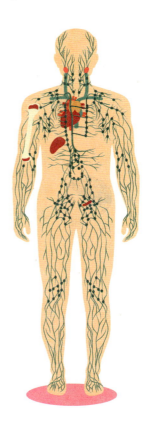

qǐ zuò yòng   bèi chēng wéi hòu tiān xìng
起作用，被称为后天性

miǎn yì   bìng jūn qīn rù rén tǐ
免疫。病菌侵入人体

hòu   huì cì jī rén tǐ nèi de
后，会刺激人体内的

lín bā xì bāo   lín bā xì
淋巴细胞，淋巴细

bāo huì chǎn shēng yì zhǒng dǐ kàng gāi
胞会产生一种抵抗该

bìng jūn de tè shū dàn bái zhì   rén men
病菌的特殊蛋白质，人们

chēng qí wéi kàng tǐ   yǐn qǐ rén tǐ chǎn shēng kàng tǐ de wù zhì
称其为抗体。引起人体产生抗体的物质

rú bìng jūn děng yì wù   jiào zuò kàng yuán   rén tǐ jiù shì tōng
（如病菌等异物）叫作抗原。人体就是通

guò zhè sān dào fáng xiàn lái fáng yù bìng jūn de qīn hài de
过这三道防线来防御病菌的侵害的。

WHY 你知道吗？

淋巴系统是什么？

淋巴系统由淋巴组织、淋巴管道及其中的淋巴液组成，是心血管系统的辅助系统，是抵御有害病菌侵入人体的屏障，称得上人体的健康卫士。

人一共有多少块骨头？

骨骼是人体运动系统的重要部分，由硬骨、软骨、血管、神经等组成，占躯体重量的五分之一。骨骼支撑着我们的身体，保护心、肺、肠、胃等重要脏器，承担着造血等维持生命活动的重大任务，让人体可以自如地活动。

成人的

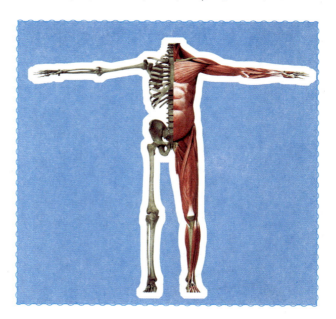

骨骼分为颅骨、躯干骨和四肢骨3部分，共有206块。颅骨包括额骨、鼻骨、听小骨和舌骨等，共29块。躯干骨主要指人体的中轴骨，它是由26块椎骨相互联结而成的脊柱，纵贯身体的胸部和腰部直至骶部，另外，还有肋骨和胸骨共25块。四肢骨若细分起来，包括上肢骨和下肢骨。上肢骨分为指骨、掌骨、腕骨、尺骨、桡骨、肱骨、锁骨、肩胛骨等共64块；下肢骨分为趾骨、髋骨、跗骨、腓骨、胫骨、股骨、距骨、

xī gài gǔ děng gòng kuài
膝盖骨等共62块。

yǔ chéng rén de gǔ gé shù liàng xiāng bǐ yīng ér shēn shàng
与成人的骨骼数量相比，婴儿身上

de gǔ gé shù liàng gèng duō gāng chū shēng de yīng ér yǒu
的骨骼数量更多。刚出生的婴儿有300

duō kuài gǔ tou suí zhe yīng ér yì tiān tiān zhǎng dà yǒu xiē
多块骨头，随着婴儿一天天长大，有些

gǔ tou jiù zhǎng dào yì qǐ le bǐ rú dǐ zhuī chéng nián hòu
骨头就长到一起了。比如骶椎成年后

róng hé wéi dǐ gǔ wěi zhuī chéng nián hòu róng hé wéi wěi gǔ
融合为骶骨；尾椎成年后融合为尾骨；

qià gǔ zuò gǔ hé chǐ gǔ chéng
髂骨、坐骨和耻骨成

nián hòu róng hé chéng zhěng tǐ de kuān
年后融合成整体的髋

gǔ děng děng dào zhǎng dà chéng rén
骨等。等到长大成人

hòu gǔ gé shù liàng jiù biàn chéng le
后，骨骼数量就变成了

biāo zhǔn chéng nián rén de kuài
标准成年人的206块。

WHY 你知道吗？

小孩要多吃高钙食物

人的个头高矮与骨骼的生长有很大的关系。骨骼的生长需要大量的钙质，钙质主要来源于含钙丰富的食物，所以儿童在生长期要多吃高钙食物。

我们在长高是因为骨骼是活的吗？

我们的骨骼可不是一块块死物，而是像我们的心脏等器官一样，是有生命的。骨骼里面有血管、神经和细胞，如果将骨骼切开，是会出血的。我们越长越高，是因为我们的骨骼能够生长。当胎儿在妈妈的肚子里发育几个星期后，就开始长骨骼了，婴儿出生后，骨骼会继续生长。骨骼刚形成时，就像我们耳朵上的软骨一样软，随着时间的推移，骨骼会不断变长、变硬。骨骼的生长过程会一直持续到成年早期。除此之外，骨骼还能自我修复。如果骨骼受了损伤或是折断了，会自我愈合。

既然骨骼很坚硬，那我们的四肢、手脚为什么还能够自如转动呢？其实，人体能够活动自如，跟骨关节的结构是分不开的。

骨关节是骨头与骨头的联结部位，

其中，能够屈曲伸展并做旋转活动的骨关节称为动关节，如肩关节、肘关节、髋关节、指（趾）关节等；不能屈曲

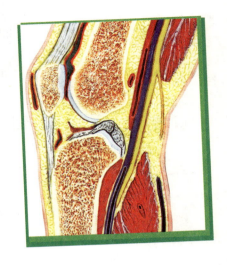

伸展和旋转的称为不动关节，如腰骶关节、骶尾关节等。除了少部分的不动关节可能以软骨连接，大部分是以韧带相连接的。

WHY? 你知道吗？

韧带

韧带是一种连接在两骨之间的致密纤维结缔组织，如果没有韧带来加固关节，关节就会非常容易受伤。同时，韧带还限制着关节，使之不能进行超越生理范围的活动，一旦遭受暴力或者进行非生理性的活动，韧带就会受损，引发关节脱位。

为什么骨骼很坚硬？

人体的骨骼起着支撑身体的作用，因此它的组织特别坚硬。骨骼分为骨皮质与骨髓质两部分。事实上，真正坚硬的是骨皮质，而骨髓质半空心，就像是丝瓜的筋络一样，宛如一个制造血液的"工厂"。

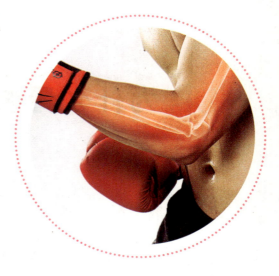

如此坚硬的骨皮质到底是由什么物质组成的呢？以下是骨皮质的成分：水 50%、脂肪 15.75%、有机物（骨胶质等）12.4%、无机物（钙、镁、钠、磷等）21.85%。就是这些物质构成了我们坚硬的骨骼。通过研究，科学家发现骨皮质里的组织结构特别精致，如钢筋水泥一般。骨的有机物就像钢筋一样，形成网状结构，排列紧密而且有层次，让骨骼坚韧并且有弹性。骨的无机物，特别是钙与磷结合成的羟基磷灰石，会紧密地填充在有机物的网状结构中，像钢筋水泥中的水泥一样，使骨骼具有了相当强的硬度与坚固性。纵向拉力强度，钢为 4240 千克／平方厘米，骨为 930~1200 千克／平方厘米，花岗石仅为 50 千克／平方厘米。纵向压力强度也是钢最大，骨次之，花岗石第三。

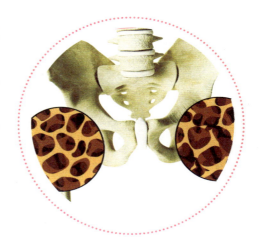

WHY 你知道吗？

骨质流失

骨质流失一般从 30 多岁就开始，机体对构成骨质的主要成分钙质的吸收能力逐渐减弱，如果在 40 岁以后，人的腰部、骨盆、背部出现持续性疼痛，就需要检查骨密度，提早防治骨质疏松。

牙齿为什么会有不同的形状？

当人呱呱坠地时，口腔中是没有牙齿的，半岁的时候长出第一对切齿，两岁后长出乳牙，共20颗；到6岁的时候，乳牙的后面

会长出第一颗恒牙；然后乳牙纷纷脱落，换上恒牙；到25岁左右长齐，共32颗；最后的4颗白齿是

在 18 岁 以 后
长 出 来 的 ，
叫 智 齿 。

人 有 很 多
牙 齿 ， 仔 细 看
会 发 现 它 们 的
形 状 是 不 一

样 的 ， 这 是 因 为 人 是 杂 食 性 的 ， 既 吃 蔬
菜 水 果 ， 也 吃 粮 食 和 肉 ， 不 同 形 状 的 牙
齿 为 我 们 提 供 了 帮 助 。 正 中 的 4 对 是 门
齿 ， 像 一 把 菜 刀 ， 切 断 食 物 ； 靠 门 齿 的 2
对 是 尖 牙 ， 像 尖 钩 一 样 ， 能 够 撕 碎 食 物 ；
后 面 的 是 臼 齿 ， 能 像 石 磨 一 样 把 食 物 嚼
碎 磨 烂 。 只 有 这 些 牙 齿 团 结 合 作 ， 我 们 才
能 将 美 食 吞 进 肚 子 。

wǒ men chī dōng xi hòu， yá chǐ zhōu wéi huì cán liú yì
我们吃东西后，牙齿周围会残留一

xiē shí wù， rú guǒ méi jí shí jiāng tā men qīng chú， jiù hěn róng
些食物，如果没及时将它们清除，就很容

yì xíng chéng yá jūn bān。 yá jūn bān huì sǔn huài wǒ men de yá
易形成牙菌斑。牙菌斑会损坏我们的牙

chǐ， suǒ yǐ měi gè xiǎo
齿，所以每个小

péng you dōu yào cóng xiǎo yǎng
朋友都要从小养

chéng zǎo wǎn shuā yá de hǎo
成早晚刷牙的好

xí guàn
习惯。

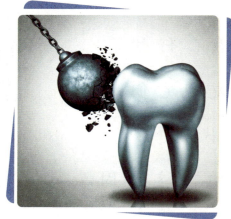

牙釉质

　　我们的牙齿是左右对称的，不同形状的牙齿有不同的功能，但所有的牙齿都非常坚硬，其硬度甚至超过一般的钢铁，这是因为牙齿表面有一层又光又亮的、坚硬的、由磷酸钙和碳酸钙组成的牙釉质。

小孩子为什么要换牙？

人身上的组织器官出生之后就不会再更换，唯独牙齿，一生中有两副，中途要进行一次"交接班"。其中一副叫作乳牙，它们不仅小而且不耐磨。由于在吃奶时就开始长出，所以称作乳牙。另

一副叫作恒牙，从6岁开始逐渐接替乳牙。通常，恒牙比较大且耐磨。乳牙和恒牙的功能不

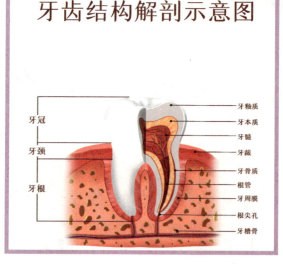

牙齿结构解剖示意图

牙冠 —— 牙釉质
牙本质
牙髓
牙颈 —— 牙龈
牙骨质
根管
牙根 —— 牙周膜
根尖孔
牙槽骨

同，乳牙除咀嚼食物之外，还可以刺激牙床骨发育，引导恒牙生长，而恒牙主要用来咀嚼食物。

人的牙床骨有一个从小到大的发育过程，在幼儿时期，牙床骨不大，此时若长出一副恒牙，将无法立足于牙床骨上。进入成年期后，牙床骨长大了，倘若这时仍旧是那些乳牙，牙床骨就填不满，牙齿难以发挥正常的咀嚼作用，这

jiù shì rén yì qián yí hòu zhǎng liǎng fù yá chǐ de yuán yīn

就是人一前一后长两副牙齿的原因。

yá chǐ dōu kě fēn wéi yá guān yá jǐng yá gēn bù

牙齿都可分为牙冠、牙颈、牙根3部

fēn yá guān shì lù zài kǒu qiāng lǐ de bù fen yá gēn mái

分。牙冠是露在口腔里的部分；牙根埋

zài shàng xià hé gǔ de yá cáo nèi yá jǐng shì yá guān yǔ yá

在上下颌骨的牙槽内；牙颈是牙冠与牙

gēn jiān de shāo xì bù fen wài miàn

根间的稍细部分，外面

bāo zhe yì céng yá yín yá yín

包着一层牙龈，牙龈

shì yá chǐ xià miàn nà bù fen

是牙齿下面那部分

hóng hóng de ròu

红红的肉。

蛀牙

　　牙齿表面有一层白亮透明的釉质，它是人体中最坚硬的物质，损坏后不能再生。虽然牙齿异常坚硬耐磨，但它最怕酸性物质长久腐蚀。如果不及时清洁，这些酸性物质就会慢慢地把牙齿外面的釉质腐蚀掉，最后将牙齿"蛀"出一个空洞，这就是人们所说的蛀牙。

宝宝为什么会流口水？

父母们对宝宝流口水的问题真是感到非常头痛，那么宝宝为什么会流口水呢？为了搞清楚这个问题，我们先谈谈口水的产生及其生理功能。

唾液也就是通常说的口水，是由唾液腺产生的，口腔内有3对大唾液腺（腮腺、颌下腺、舌下腺）和无数个分布在唇、颊、腭、口底黏膜的小唾液腺。唾液主要有湿润口腔、便于吞咽、帮助消化的作用，唾液中的成分大部分为水分，还含有一些淀粉酶和黏蛋白。

据研究，正常成年人一昼夜分泌唾液 1000~1500 毫升，人们通常情况下会自主或不自主地把口水吞咽下去。孩子刚出生的时候由于唾液腺分泌功能不够完善，唾液分泌量少，因此一般不流口水。

由于之后开始添加辅食，4个月后，唾液分泌增加，6个月后乳牙开始萌出，它会刺激牙龈上的神经，使唾液腺分泌反射性地增加，而这时宝宝吞咽口水的能力

shàng wèi xíng chéng guò duō de tuò yè jiù huì bù yóu zì zhǔ de
尚 未 形 成 ， 过 多 的 唾 液 就 会 不 由 自 主 地

cóng zuǐ jiǎo liú chū jí xí guàn shàng suǒ shuō de liú kǒu shuǐ
从 嘴 角 流 出 ， 即 习 惯 上 所 说 的 "流 口 水" ，

yóu yǐ suì de yòu ér duō jiàn zhè ge shí qī de liú
尤 以 1~2 岁 的 幼 儿 多 见 。 这 个 时 期 的 流

kǒu shuǐ shì yì zhǒng zhèng cháng de shēng lǐ xiàn xiàng fù mǔ bú bì
口 水 是 一 种 正 常 的 生 理 现 象 ， 父 母 不 必

wèi cǐ dān xīn suì yǐ
为 此 担 心 ， 2 岁 以

hòu xiǎo ér tūn yàn kǒu shuǐ
后 ， 小 儿 吞 咽 口 水

de gōng néng zhú jiàn jiàn quán
的 功 能 逐 渐 健 全

qǐ lái zhè zhǒng xiàn xiàng
起 来 ， 这 种 现 象

jiù huì zì rán xiāo shī
就 会 自 然 消 失 。

要经常擦口水

　　因为唾液偏酸性，且唾液中还含有一些消化酶以及其他物质，它们对皮肤具有一定的刺激性，因此父母要格外注意，应当经常为宝宝擦去嘴边的口水，而且要用温水洗净。

为什么拇指只有2个指节？

人的每只手有5根手指，分别是拇指、食指、中指、无名指和小指。其中用处最大、功能最强的就是拇指，没有拇指，其他4根手指就不能灵活地抓握东

西，但是食指、中指、无名指和小指都分为3节，唯独拇指只有2节，这是为什么呢？其实，这种结构对拇指是最适宜的。因为拇指倘若仅仅由1节组成，那么与其他手指配合抓握物体就很不方便；如果拇指是3节，又会软弱无力，无法胜任一些用力较大的动作。由此可见，这是一种非常科学的进化结果。

人的每只手都有27块骨头。腕骨是短骨，位于手的近侧部，共有8块，排列成2列，每列4块，均以其形状命名。掌骨

hé zhǐ gǔ dōu shǔ yú xiǎo xíng cháng
和指骨都属于小型长

gǔ zhǎng gǔ yǒu kuài
骨。掌骨有 5 块。

zhǐ gǔ yǒu kuài qí
指骨有 14 块，其

zhōng dà mǔ zhǐ shàng yǒu
中大拇指上有 2

kuài fēn bié jiào zuò yuǎn jié zhǐ
块，分别叫作远节指

gǔ hé jìn jié zhǐ gǔ qí
骨和近节指骨；其

yú gēn shǒu zhǐ shàng gè yǒu
余 4 根手指上各有 3

kuài fēn bié jiào zuò yuǎn jié
块，分别叫作远节

zhǐ gǔ zhōng jié zhǐ gǔ hé
指骨、中节指骨和

jìn jié zhǐ gǔ
近节指骨。

WHY 你知道吗？

每个人的指纹都不一样

　　每个人都有指纹，但每个人的指纹都不一样。这是因为指纹是由人的遗传基因决定的，而每个人的遗传基因都不相同，即使是双胞胎，他们的指纹也是不一样的。所以，指纹也就成了一个人身份的证明。

为什么指甲总是剪不完？

指甲是皮肤的附件之一，其主要成分是角蛋白。它们就像一个个小"盾牌"，能保护我们的指腹免受损伤，维护指腹的稳定性，增强手指触觉的敏感性。指甲最大的特点是剪掉还会长出来，永远也剪不完，这是为什么呢？指甲主要由甲根、甲体和游离缘三部分构成，甲根中的甲基质里的活细胞会不断分裂，是指甲的"生产工厂"。

xīn shēng de xì bāo bǎ jiǎ tǐ xiàng qián tuī tóng shí xì bāo lǐ
新生的细胞把甲体向前推，同时细胞里

jiàn jiàn chōng mǎn jiǎo dàn bái rán hòu xì bāo sǐ qù zhǐ yào
渐渐充满角蛋白，然后细胞死去。只要

yǒu xīn de jiǎo dàn bái chǎn shēng zhǐ jia jiù huì bú duàn xiàng wài
有新的角蛋白产生，指甲就会不断向外

tuī jìn shēng zhǎng yīn cǐ zhǐ jia zǒng shì jiǎn bù wán
推进生长，因此，指甲总是剪不完。

wǒ men de shǒu shì yóu gè zhǒng gè yàng de xì bāo gòu chéng
我们的手是由各种各样的细胞构成

de zhè xiē xì bāo dà duō shì yǒu shēng mìng de suǒ yǐ shòu
的，这些细胞大多是有生命的，所以受

yì diǎnr shāng jiù huì gǎn dào téng dàn shì jiǎn zhǐ jia shí wǒ
一点儿伤就会感到疼。但是剪指甲时我

men què bú huì yǒu téng tòng de gǎn jué zhè shì wèi shén me ne
们却不会有疼痛的感觉，这是为什么呢？

yīn wèi zhǐ jiǎ shàng miàn méi
因 为 指 甲 上 面 没

yǒu ròu xuè guǎn hé shén
有 肉、 血 管 和 神

jīng zhǐ shì yì xiē sǐ wáng
经， 只 是 一 些 死 亡

de jiǎo zhì xì bāo wǒ men
的 角 质 细 胞。 我 们

zài jiǎn zhǐ jiǎ shí méi yǒu
在 剪 指 甲 时， 没 有

xì bāo gào su dà nǎo suǒ
细 胞 告 诉 大 脑， 所

yǐ jiù bú huì jué de tòng
以 就 不 会 觉 得 痛。

WHY? 你知道吗？

指甲的状况与身体健康

指甲的状况还可能反映很多疾病。若指甲中间向下凹陷得很深，可能患有甲状腺功能亢进症；若指甲上有白色的线条，可能是慢性肾病；指甲苍白可能是贫血，等等。

多喝水为什么有利于身体健康？

水是良好的溶剂，许多物质都能溶于水，并解离为离子状态，水是生命之源，在人体中发挥重要的作用。水在人体内直接参加氧化还原反应，促进各种生理活动和生化反应的进行；水能维持人体的血液循环、呼吸、消化、吸收、分泌、排泄等生理活动，以及体内的新陈代谢；水还可以调节

体温，当外界温度高或体内产热多时，水的蒸发及出汗可起到散热作用，使体温保持相对恒定。

当人体流失相当于体重2%的水分时，就会感到口渴，这时人体的血液浓度增加，从而加重心脏的负担，影响新陈代谢的正常进行，如果不及时补充水分，人的正常生理机能就会受到影响。

所以，我们要经常喝一定量的水，不要

等到口渴时才喝水。正常情况下，成人一天的饮水量为

2000~2500

háo shēng， bāo hán
毫 升， 包 含
shí wù zhōng suǒ hán
食 物 中 所 含
de shuǐ fèn
的 水 分 。

zǎo chen xǐ
早 晨 洗
shù hòu， kě yǐ
漱 后， 可 以

xiān hē bēi bái kāi shuǐ zhè duì shēn tǐ yǒu hǎo chù zǎo chen hē
先 喝 杯 白 开 水， 这 对 身 体 有 好 处 。 早 晨 喝
shuǐ kě yǐ shū wèi tōng cháng bǎ qián yì tiān cán liú zài wèi lǐ de
水 可 以 疏 胃 通 肠， 把 前 一 天 残 留 在 胃 里 的
shí wù cán zhā dài zǒu bái kāi shuǐ hái kě yǐ jiàng dī xuè yè nóng
食 物 残 渣 带 走 。 白 开 水 还 可 以 降 低 血 液 浓
dù yǒu fáng zhǐ xuè shuān de gōng xiào
度， 有 防 止 血 栓 的 功 效 。

WHY 你知道吗？

不要直接喝自来水

通常，自来水里多多少少都会有一些细菌。自来水厂虽然会对水进行消毒，但不能将所有细菌都杀掉，而且在运输的途中还可能混入一些细菌和杂质。这些细菌一旦进入我们的身体，就有可能引起肚子痛或肠胃不适等各种症状。所以，我们不可以直接喝自来水。

尿液是如何产生的？

人的身体为了维持生命活动，需要不断地消耗食物中的有机物，在这个过程中，人体会产生一些废物并释放到血液中。这些废物需要被排泄出去，否则会对人体造成损害。排泄废物的途径有多种，其中最重要的一种是通过泌尿系统排出体外，这就是排尿，废物和多余的水就是尿液。

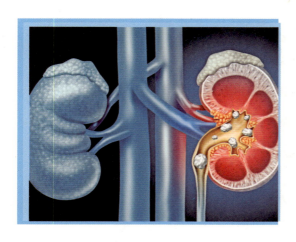

尿液是由肾脏产生的。

肾脏是泌尿系统的主要器官，位于腰背部，左、右侧各有1个。人体内最粗

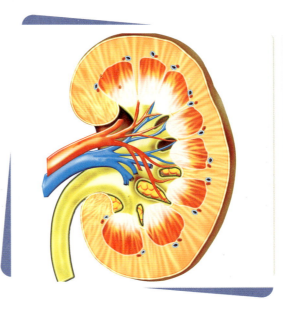

的动脉和最粗的静脉与肾的血管直接相连。2个肾脏对流经的血液进行加工，然后把多余的水分和废物送到膀胱中储存，当尿液积攒到一定的量后，人体产生尿意，便会通过尿道排出体外。

膀胱位于盆腔的前部，是储存尿液的肌性囊状器官。空虚状态下的膀胱呈锥体状，充满状态下，其形状变为

luǎn yuán xíng　　páng guāng bì
卵圆形。膀胱壁

yóu nián mó céng　　jī ròu
由黏膜层、肌肉

céng jí jiāng mó céng　　céng
层及浆膜层3层

zǔ zhī zǔ chéng　　zài páng
组织组成。在膀

guāng yǔ niào dào jiāo jiè
胱与尿道交界

chù　　yǒu jiào hòu de huán
处，有较厚的环

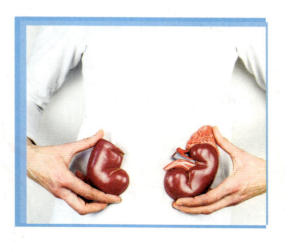

xíng jī　　xíng chéng niào dào kuò yuē jī　　zài pái niào shí　　kuò
形肌，形成尿道括约肌。在排尿时，括

yuē jī fàng sōng　　páng guāng bì jī ròu shōu suō　　niào yè bèi jǐ
约肌放松，膀胱壁肌肉收缩，尿液被挤

rù niào dào　　xún cǐ lù jìng pái chū tǐ wài
入尿道，循此路径排出体外。

WHY 你知道吗?

肾脏的保养

　　肾脏最简单有效的保养方式就是勤喝水。饮水量的多少直接影响膀胱内尿液的浓度，对膀胱癌的发生有重要影响。另外，应该做到不吸烟或尽早戒烟。研究表明，经常大量吸烟的人，尿液中致癌物质的浓度比较高。

肚子饿了为什么会咕咕叫？

在我们饿得厉害时，肚子常常会发出"咕噜咕噜"的声音，为什么会这样呢？这是因为当食物在胃中消化快要完毕时，胃液仍旧继续分泌，由于胃里空了，胃的收缩会逐渐加强，还会将饥饿的信号通过神经传至大脑，就引起饥饿的感觉。我们的胃收缩时，胃内的液体和吞咽下去的气体在胃里就会不安分起来，它们会到处跑，

这样一来就会发出"咕噜咕噜"的声音了。不过,这种躁动一般只持续半小时左右,便会安定下来。

许多小朋友为了能快点长高,喜欢在饿的时候喝牛奶,但是我们要记住,空腹是不能喝牛奶的。因为牛奶中的蛋白质在一般情况下是不参与供能的,只有身体的能量不足时,它才转化成能量供人体消耗。如果空腹喝牛奶,身体此时缺少食物的能量供给,所以就将牛奶中的蛋白质转

huà chéng néng liàng zhè qí
化 成 能 量， 这 其

shí shì duì dàn bái zhì de
实 是 对 蛋 白 质 的

làng fèi lìng wài yóu
浪 费。 另 外， 由

yú kōng fù hē niú nǎi
于 空 腹 喝 牛 奶，

niú nǎi huì hěn kuài bèi xiāo
牛 奶 会 很 快 被 消

huà qí zhōng de dàn bái
化， 其 中 的 蛋 白

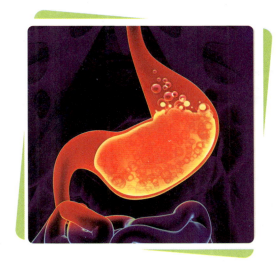

zhì hái méi wán quán xī shōu jiù bèi pái dào dà cháng zài dà cháng
质 还 没 完 全 吸 收 就 被 排 到 大 肠， 在 大 肠

nèi jiù huì xíng chéng yǒu dú wù zhì cháng qī rú cǐ yǒu sǔn
内 就 会 形 成 有 毒 物 质， 长 期 如 此， 有 损

wǒ men de jiàn kāng
我 们 的 健 康。

WHY 你知道吗？

胃的结构

　　胃是身体里重要的消化器官，主要作用是容纳食物、分泌胃液和初步消化食物。胃位于上腹部偏左侧的位置，是消化道中最庞大的部分，上连食管，下接十二指肠，分为贲门部、胃体、胃底、幽门部。贲门接食管，幽门接十二指肠。

为什么不能暴饮暴食？

有些人爱暴饮暴食，这是一种不良的饮食习惯，它会给人的健康带来很多危害。

我们肚子的容量是有限的，进食后，我们的消化系统会按照步骤有条不紊地消化食物。暴饮暴食会打乱胃肠道对食物消化吸收的正常节律。而且，暴饮暴食后还会出现头昏脑涨、精神恍惚、肠胃不适、胸闷气急、腹泻或便秘等症状，严重时会引起急性胃肠炎，甚至胃出血；大鱼大肉、大量的酒精会使肝脏超负

荷运转，肝细胞加快代谢速度，胆汁分泌
增加，造成肝功能受损，诱发胆囊炎、
肝炎。研究发现，暴饮暴食后，发生心
脏病的危险概率也会增加。

　　一些人喜欢暴饮暴食是因为他们有
不吃早餐的坏习惯，所以在其他两餐就会
吃很多。其实不吃早餐是不利于身体健康
的！因为我们小朋友正在长身体呢，需
要很多营养，长时间不吃早餐可能会导

致营养不良。而且早餐能给我们提供整个上午所需要的能量，要是不吃早餐的话，到中午之前我们的身体可能有十几个小时

没有补充能量，我们就会感到饥饿，就没有心思学习了！

WHY 你知道吗？

不要养成偏食的习惯

身体的成长需要各种各样的营养，这些营养来自不同的食物，如果我们偏食，就会影响营养的均衡，甚至会降低身体抵抗疾病的能力。所以，小朋友要养成不偏食的好习惯。

为什么肝脏被称为人体的"生化工厂"？

肝脏是人体最大的内脏器官，也是人体消化系统中最大的消化腺，位于人体腹部、胃的上方。我们每个人的肝脏时时刻刻都在进行着许多化学反应。当肠道吸收的营养物质被运送到肝

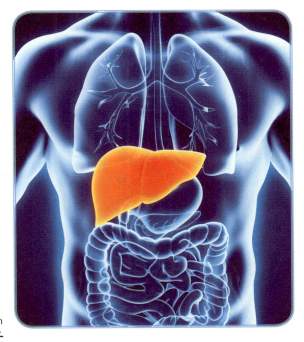

脏后，肝脏便将那些营养物质转化成葡萄糖、脂肪酸和氨基酸。肝脏下面还有个胆囊，里面储存有肝脏分泌的胆汁，胆汁可以辅助消化和吸收脂肪。另外，在人体吸收转化营养物质并发生化学反应的过程中，会产生有毒物质，肝脏能够分解有毒物质，然后通过胆汁或尿液将其排出体外。由于肝脏的化学反应量大、工作复杂，因此被人们形象地比喻为人体的"生化工厂"。

正常人肝组织中含有少量的脂肪，

其重量占肝脏重量的 3% ~5%，但有时因内因或外因造成脂肪在肝脏中过量堆积，肝脏中脂肪含量超过 5%，医学上称这种情况为脂肪肝。脂肪肝如长期得不到控制，会导致肝功能受损，甚至引起肝硬化。

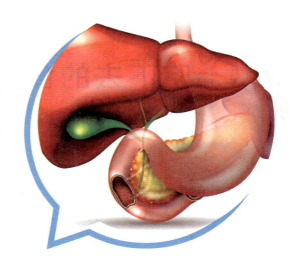

WHY 你知道吗？

胆囊

　　胆囊位于肝脏下方，是这座"生化工厂"的一个重要"产品车间"。胆囊的主要功能是储存肝脏制造的胆汁，并加以浓缩，在需要时将胆汁排入十二指肠，帮助肠道消化及吸收脂肪。

吃下去的食物都去哪儿了？

人进食后，食物首先在口腔中被咬碎、咀嚼后，被咽入食管，再进入胃中。胃会分泌胃液，将食物与胃内容物彻底混合、储存，成批定量地输送至小肠。蛋

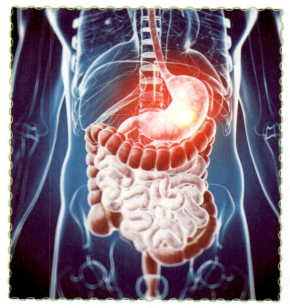

白质在胃内被初步消化吸收，而高脂溶性物质，如酒精在胃中只能被少量吸收，碳水化合物、蛋白质、脂肪、维

生素、电解质等物质被完全消化吸收的场所是小肠。小肠内壁表面存在环形褶皱，在多种消化

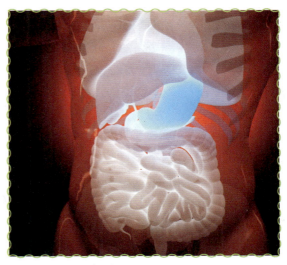

液的辅助下，营养物质在小肠被充分地吸收，最后形成的食物残渣在大肠停留1～2天，被吸收掉每天的剩余水分，经肠蠕动，最后被大肠以粪便的形式排出体外。

有的小朋友为了尽快吃完饭，还没将食物嚼碎就咽了下去，这样会加重胃的工作量。如果胃里堆积的食物太多，胃就会将没加工好的食物送进小肠，这样不

仅^{jǐn}会^{huì}阻^{zǔ}碍^{ài}小^{xiǎo}肠^{cháng}吸^{xī}收^{shōu}营^{yíng}养^{yǎng}，还^{hái}会^{huì}引^{yǐn}发^{fā}肠^{cháng}胃^{wèi}病^{bìng}。而^{ér}且^{qiě}吃^{chī}饭^{fàn}后^{hòu}胃^{wèi}会^{huì}被^{bèi}撑^{chēng}大^{dà}，如^{rú}果^{guǒ}立^{lì}刻^{kè}做^{zuò}剧^{jù}烈^{liè}运^{yùn}动^{dòng}，刚^{gāng}吃^{chī}进^{jìn}去^{qù}的^{de}食^{shí}物^{wù}就^{jiù}会^{huì}在^{zài}胃^{wèi}里^{lǐ}晃^{huàng}来^{lái}晃^{huàng}去^{qù}，不^{bú}但^{dàn}会^{huì}撞^{zhuàng}击^{jī}胃^{wèi}壁^{bì}，还^{hái}会^{huì}拉^{lā}扯^{che}到^{dào}胃^{wèi}部^{bù}的^{de}神^{shén}经^{jīng}，从^{cóng}而^{ér}使^{shǐ}人^{rén}感^{gǎn}到^{dào}疼^{téng}痛^{tòng}。因^{yīn}此^{cǐ}吃^{chī}饭^{fàn}后^{hòu}要^{yào}歇^{xiē}一^{yí}会^{huì}儿^{er}再^{zài}做^{zuò}剧^{jù}烈^{liè}运^{yùn}动^{dòng}。

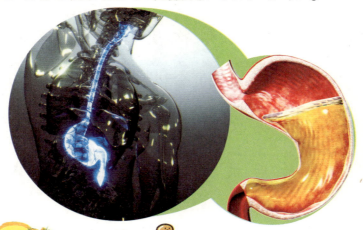

WHY? 你知道吗？

胃为什么不会把自己消化掉？

胃能分泌一种黏液物质，这种物质会在胃的表面形成一种保护膜，防止胃酸侵蚀。除此之外，胃黏膜上分布着一层紧密的上皮细胞，这些细胞也可以有效阻止胃酸侵蚀。而且胃有很强的再生能力，受到损伤很快就会修复自己。

人为什么会发胖？

肥胖，给人带来极大的烦恼。在外形上，它使人显得臃肿、笨拙；在生理上，它可导致心脏病及其他心血管病的发生。

科学家发现，人体内的大多数脂肪细

bāo shì zài tóng nián hé qīng shào nián
胞是在童年和青少年
shí qī xíng chéng de yǒu
时期形成的。有
rén rèn wéi féi pàng shì yóu
人认为肥胖是由
yú tǐ nèi yì zhǒng zhì
于体内一种"致
féi jī yīn yí chuán xíng
肥基因"遗传形
chéng de měi guó má shěng lǐ gōng
成的。美国麻省理工
xué yuàn yí wèi nǚ xué zhě wèi
学院一位女学者魏
tè màn rèn wéi rén de
特曼认为，人的
pàng shòu yǔ rén tǐ nèi de
胖瘦与人体内的
suō sè àn shuǐ píng de
5－羧色胺水平的
gāo dī yǒu guān suō sè
高低有关。5－羧色
àn shì yì zhǒng shén jīng chuán dì wù
胺是一种神经传递物
zhì tā shǐ rén gǎn dào xīn jìng píng hé yā yì gǎn jiào shǎo
质，它使人感到心境平和，压抑感较少，
duì tòng kǔ bù mǐn gǎn gù néng jiàng dī shí yù zhǒng zhǒng yuán
对痛苦不敏感，故能降低食欲。种种原
yīn sì hū dōu yǒu qí dào lǐ zào chéng féi pàng de yuán yīn yě
因似乎都有其道理，造成肥胖的原因也

实在是太多了，它与运动有关，与情绪有关，与内分泌、环境、吸烟等都有着千丝万缕的关联，肥胖者似乎已掉进致肥因素的汪洋大海之中。至今，人们对导致肥胖的根本原因仍无定论，但是，关于减肥的方法却有很多很多。

WHY 你知道吗？

节食不能减肥

通常，肥胖的人所得到的关于减肥的告诫是节食，每日摄入不足量的卡路里，进而消耗那些体内贮存起来的卡路里。但是实践证明，节食减肥的失败率达 95%。

为什么运动员肌肉比较发达？

wèi shén me yùn dòng yuán jī ròu
bǐ jiào fā dá

pí fū xià de jī ròu jiù xiàng yí gè shén qí de yǐn
皮肤下的肌肉就像一个神奇的引
qíng rén tǐ yǒu duō kuài jī ròu shòu wǒ men de yì shí
擎。人体有600多块肌肉受我们的意识
kòng zhì zhè xiē jī ròu hù xiāng hé zuò wǒ men cái néng jìn
控制，这些肌肉互相合作，我们才能进
xíng yùn dòng jī ròu xiān wéi kòng zhì rén de měi gè dòng zuò cóng
行运动。肌肉纤维控制人的每个动作，从

轻轻眨眼到行走坐卧，成千上万细微的纤维集结成肌肉束，进而形成完整的肌肉系统。

那么，为什么运动员的肌肉比普通人的肌肉发达呢？这是运动员长期锻炼的结果。普通人平时的肌肉活动强度小，需要的能量也小，血液循环相对缓慢。运动员由于经常运动，使得肌肉内原有的肌纤维变得更加粗壮，同时，长时间的运动还会加快肌肉的新陈代谢，从而引起肌肉中的蛋白质和毛细血管数量的增加，肌肉从血液中得到丰富的营养物质，自然会变得发达、健壮。

WHY 这是为什么

突然剧烈运动后，会感到肌肉酸痛，这是因为人体剧烈运动时，肌肉的有氧呼吸供应不足，会进行无氧呼吸，而无氧呼吸会产生乳酸，肌肉中积累了大量乳酸，这些乳酸来不及分解，我们就会感到酸痛。

WHY 你知道吗

表情肌

　　最善于表达感情的，是脸部的表情肌。表情肌起源于面部的皮肌，多数一端附着颅骨，另一端附着皮肤，有的呈环形分布，如眼轮匝肌、口轮匝肌，有的呈辐射状分布，它们收缩时改变口和眼的形状，并使面部皮肤出现各种皱纹，从而产生喜怒哀乐等各种各样的表情。

害羞时为什么会脸红？

人害羞时经常会脸红，这是为什么呢？因为，当我们看见或听见使我们害羞的事情时，眼睛和耳朵会立刻把消息传给大脑皮质，而大脑皮质除和有关的部位联系外，同时会刺激肾上腺，肾上腺一旦受到刺激，就会立刻做出相应的反应，分泌出肾上腺素。肾上腺素是天然的兴奋剂，能使人的呼吸和心跳加快。而且肾上腺素有一个

特点：它少量分泌的时候，能使血管扩张，特别是脸部的皮下小血管，可是大量分泌时，反而会使血管收缩。当我们害羞时，大脑皮质刺激肾上腺，分泌出少量肾上腺素，加快血液流动和氧气输送，身上的毛细血管也会扩张，而脸部的毛细血管特别丰富，毛细血管扩张会使脸部的血液流量增多，脸就会变得红红的。

不光是害羞会脸红，高兴和愤怒的时候也会脸红。很多小朋友因为容易脸红，所以怕被人嘲笑，其实这并

bú shì shén me quē diǎn　　bú guò　　zài jiàn dào lìng wǒ men xīng fèn
不是什么缺点。不过，在见到令我们兴奋

de shì wù shí　　jǐn liàng bǎo chí xīn qíng píng jìng　　duō jié jiāo xiē
的事物时，尽量保持心情平静，多结交些

xīn péng you　　duō cān jiā yì xiē shè jiāo huó dòng　　duō hé mò shēng
新朋友，多参加一些社交活动，多和陌生

rén jiāo liú děng　　zhè yàng kě yǐ bāng zhù wǒ men kè fú liǎn hóng
人交流等，这样可以帮助我们克服脸红。

应激反应

　　人体遇到的刺激如果时间短暂且不十分强烈，一般在短时间内就会恢复正常，这种刺激有利于机体的运动。但是如果遇到的刺激过于强烈，时间又较长，机体会长时间处在应激状态，由此可能产生一些不好的反应。

为什么会产生痛觉？

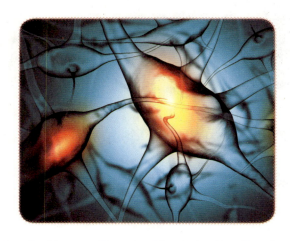

痛觉是人体的一种感觉，它和触觉、味觉等感觉一样，也是人体神经接受刺激后，将信号传至大脑中相应的中枢而产生的。我们经常会有这样的经历，感觉身体的某个地方很疼，却说不清楚究竟是什么地方。那是因为疼痛感应器不同于普通神经感应器，当疼痛刺激传入脊髓时，不仅刺激了相应的神经元，也激活了与其相邻的几节脊髓的神经元。

那么大脑又是如何对疼痛和普通刺激进行区分的呢？闸门控制理论给出了一个较为合理的解释。根据这种理论，人体脊髓中可能存在某种闸门机制。我们感觉到刺激后，小型神经纤维（疼痛感受器）与大型神经纤维（普通感受器）将激活发射细胞（P细胞），信号通过脊髓传到大脑的同时也会传至抑制神经元。这些相连的神经相互影响，决定了我们什么时候会感到疼痛。在无任何刺激或者只有普通感受器传入信号时，大脑就不会接收到来

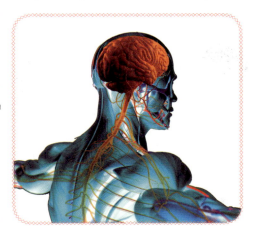

自发射神经元所发射的信号。然而，当疼
痛感受器传递的信号更加强烈时，抑制
神经元就会停止活动，发射神经元就能给
大脑传递信息。这时，我们就能感受到
疼痛了。

WHY 你知道吗

先天性痛觉缺失症

　　医学上有一种病叫"先天性痛觉缺失症"，患这种病的人冷
热感觉正常，但是几乎没有疼痛的感觉。这种病是隐性遗传病，
出现的概率极低，世所罕见。

为什么突然受冷会起鸡皮疙瘩？

当我们突然感到寒冷时，皮肤上就会出现一些小疙瘩，也就是我们俗称的"鸡皮疙瘩"。这是因为，在我们皮肤汗毛囊里连着一小束竖毛肌，这种肌肉由

纤细的梭形肌纤维束构成，一端起自真皮
的乳头层，另一端插入毛囊中部侧面的
结缔组织鞘内，与皮面
形成钝角，因此当
竖毛肌收缩时，
会使毛发在皮肤
上直立。梭形肌
细胞的起端和终端
都变成弹性硬蛋白
纤维，后者插入肌细胞的间隙内，并被固
定，形成肌腱结合点。当肌肉松弛时，
由于周围真皮的弹性回位，毛发回到原
处，围绕外毛根鞘的弹性硬蛋白纤维牢固
地附着于表皮细胞，它的弹性较小而张
力较大。肌肉的终端插入强直的毛囊，

dàn qí biǎo pí xià de qǐ duān zé bù qiáng zhí suǒ yǐ zài shù
但其表皮下的起端则不强直，所以在竖

máo jī shōu suō shí pí fū bèi niǔ zhuǎn ér
毛肌收缩时，皮肤被扭转而

chǎn shēng jī pí gē da
产生鸡皮疙瘩。

lìng wài dāng pí fū yù
另外，当皮肤遇

rè shí pí xià de máo xì xuè guǎn
热时，皮下的毛细血管

péng zhàng xuè yè liú dòng jiā sù
膨胀，血液流动加速，

xuè yè kuài sù de liú xiàng pí fū biǎo
血液快速地流向皮肤表

miàn pí fū de biǎo miàn jiù huì kàn
面，皮肤的表面就会看

qǐ lái hóng hóng de
起来红红的。

WHY 你知道吗？

天冷会发抖的原因

　　天气寒冷的时候，我们身体的温度会下降，需要靠肌肉收缩来产生热量，维持正常的体温。因此，我们感觉到冷时，我们的身体就会发抖，以产生热量。在某些时候，我们的上下牙还会因此而"打架"呢！

我是怎么来到世界上的？

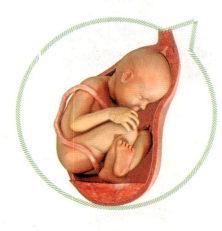

小宝宝的生命开始于妈妈体内一个像针眼那么小的细胞——受精卵。那么受精卵是怎么产生的呢？原来男性和女性体内各有一套截然不同的生殖器官，生殖器官可以产生性细胞，男性的性细胞叫精子，女性的性细胞叫卵子。当他们的身体发育成熟的时候，就可以孕育小宝宝了。

在爸爸妈妈打算要一个小宝宝之后，

爸爸会慷慨大方地献上数以亿计的像蝌蚪一样会游泳的精子，这些精子进入妈妈的输卵管后，会碰到一个已经在此恭候的卵子，最活跃的那个精子会与这个卵子结合，形成受精卵。妈妈身体里有一个叫子宫的"小房子"，受精卵会住在这里，慢慢长成一个小宝宝。大约40周以后，小宝宝就从这个"小房子"里出来了。

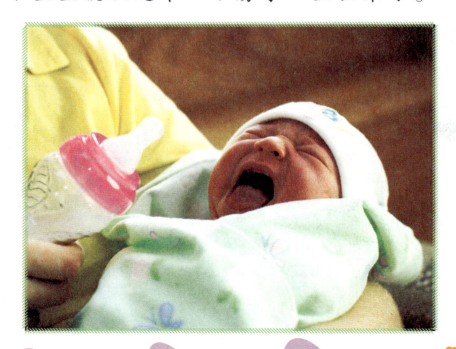

bǎo bao méi chū shēng shí dù
宝宝没出生时，肚

zi shàng yǒu yì gēn qí dài mā ma
子上有一根脐带。妈妈

jiù shì yòng zhè gēn qí dài bǎ bǎo bao
就是用这根脐带把宝宝

yǎng dà de bǎo bao chū shēng hòu
养大的。宝宝出生后，

yī shēng huì jiāng qí dài jiǎn duàn děng yí
医生会将脐带剪断，等遗

liú zài shēn tǐ shàng de qí dài
留在身体上的脐带

tuō luò bǎo bao dù zi shàng
脱落，宝宝肚子上

jiù huì liú xià yí gè xiǎo xiǎo de
就会留下一个小小的

dù qí yǎn
肚脐眼。

WHY? 你知道吗？

为什么刚出生的宝宝会哇哇大哭？

小宝宝在妈妈肚子里时，会通过脐带吸收养分和氧气维持生命。在宝宝出生时，医生剪断脐带后，宝宝无法再通过脐带获得氧气，原本缩在一起的肺部就会开始呼吸，气流经过宝宝的嗓子，宝宝就会哭起来了。

为什么会有男女之分？

根据遗传学说，人体的细胞具有23对染色体，其中有一对是决定性别的性染色体，其余的22对是常染色体。性染色体是专门决定男、女性别的。男性的性染色体是XY，而女性的性染色体是XX。根据基因的分离定律，雄性个体的

jīng yuán xì bāo zài jīng guò jiǎn shù fēn liè xíng chéng jīng zǐ shí
精原细胞在经过减数分裂形成精子时，

kě yǐ tóng shí chǎn shēng hán yǒu rǎn sè tǐ de jīng zǐ hé hán
可以同时产生含有X染色体的精子和含

yǒu rǎn sè tǐ de jīng zǐ bìng qiě zhè liǎng zhǒng jīng zǐ de
有Y染色体的精子，并且这两种精子的

shù mù xiāng děng cí xìng gè tǐ de luǎn yuán xì bāo zài jīng guò
数目相等；雌性个体的卵原细胞在经过

jiǎn shù fēn liè xíng chéng luǎn xì bāo shí zhǐ néng chǎn shēng yì zhǒng
减数分裂形成卵细胞时，只能产生一种

hán yǒu rǎn sè tǐ de luǎn xì bāo shòu jīng shí rú guǒ
含有X染色体的卵细胞。受精时，如果

fù qīn de jīng xì bāo dài de shì xíng rǎn sè tǐ nà shòu
父亲的精细胞带的是X型染色体，那受

jīng luǎn jiù shì xíng rǎn sè tǐ shēng xià de jiù shì nǚ
精卵就是XX型染色体，生下的就是女

hái rú guǒ fù qīn de jīng xì bāo dài de shì xíng rǎn sè
孩；如果父亲的精细胞带的是Y型染色

tǐ nà me shòu jīng luǎn jiù shì xíng rǎn sè tǐ shēng xià
体，那么受精卵就是XY型染色体，生下

de jiù shì nán hái
的就是男孩。

nà wèi shén me hái zi zǒng shì yǔ fù mǔ zhǎng de hěn xiàng
那为什么孩子总是与父母长得很像

ne zhí dào shì jì kē xué jiā cái dé chū jié lùn
呢？直到20世纪，科学家才得出结论，

yuán lái shì fù mǔ bǎ jiào zuò jī yīn de shēng mìng lì zǐ chuán
原来是父母把叫作基因的生命粒子传

gěi le zǐ nǚ jī yīn jiù xiàng shì zhì zào gè zhǒng dàn bái zhì
给了子女。基因就像是制造各种蛋白质

de shè jì tú yàng tā néng gòu zhì zào shēn tǐ de gè zhǒng jié
的设计图样，它能够制造身体的各种结

gòu jī yīn yí chuán de tè xìng jué
构。基因遗传的特性决

dìng le rén lèi zǒng shì yǔ zì jǐ
定了人类总是与自己

de xià yí dài zài wài mào hé shēng
的下一代在外貌和生

lǐ tè zhēng shàng yǒu zhe hěn duō de
理特征上有着很多的

xiāng sì zhī chù
相似之处。

WHY 你知道吗？

双胞胎为什么长得那么像？

双胞胎实际上就是妈妈的一颗卵子在受精以后分裂成了两个，这两个受精卵的结构、性质完全一样，所以就长成了两个一模一样的宝宝。而这两个宝宝不仅外貌相似，有时候个性也会非常相似。

为什么爸爸会长胡子，妈妈却不长？

爸爸的胡子特别扎人，为什么只有爸爸有胡子，而妈妈却没有呢？因为爸爸是男性，男性的身体里都有一种雄性激素，它会促使爸爸长胡子。女性体内产生的多是雌性激素，它会抑制胡子的生长。所以爸爸有胡子，妈妈没有胡子。

胡子可是男性的性征之一呢，另外一个性征是喉咙

上的喉结。男性一般到达青春期，嘴唇周围就会长出很短的绒毛，那就是最初的胡子了。如果爸爸熬夜了，

胡子会长得特别快。这是因为人忙碌了一天，身体会处于疲惫状态。如果太长时间不休息，体内就会分泌出很多雄性激素，这些雄性激素就像肥料一样让胡子快速生长。

胡子的生长速度很快，比头发要快，这是因为胡子生长部位的血管分布较为密集，提供的养

fèn hěn chōng zú   nán xìng yì bān cóng shí jǐ suì kāi shǐ zhǎng hú
分 很 充 足。男 性 一 般 从 十 几 岁 开 始 长 胡

zi   dào le   suì zuǒ yòu   hú zi zhǎng de zuì nóng mì
子，到 了 30 岁 左 右，胡 子 长 得 最 浓 密，

cǐ hòu huì màn màn jiǎn huǎn
此 后 会 慢 慢 减 缓。

WHY 你知道吗？

头发比胡子长

　　人身上毛发的长度是由毛囊的大小和形状决定的。我们身上各种毛发的生长速度是不一样的，并且，各种毛发的生长周期也是不一样的。所以，我们会看到，头发要比胡子长得多。

为什么老人的脸上会有皱纹？

皱纹往往是人历经岁月的洗礼之后衰老的象征，老人的额头、眼角等部位都少不了几道深深的皱纹，而皱纹是皮肤

老化的表现。

皮肤老化是由自然因素或非自然因素造成的皮肤衰老现象。人出生之后，皮肤组织日益发达，功能也会逐渐活跃，当到达某个年龄时就会开始退化，这种退化往往是在人们不知不觉中慢慢进行的。人老后新陈代谢缓慢，死亡的细胞多于新生的细胞，皮肤中的水分也会减少，皮肤会变得干燥松弛。另外，皮肤的角质层也会逐渐萎缩，

皮肤的弹性越
来越小，张开
以后无法再缩
回去，所以就
会出现很多
皱纹。

WHY 你知道吗？

不同的皮肤与皱纹

　　人老了总会长皱纹的，但是，不同的皮肤长皱纹的时间却不一样。一般黑色皮肤的人出现皱纹晚，白色皮肤的人出现皱纹早；男人出现皱纹晚，女人出现皱纹早；油性皮肤出现皱纹晚，而皮肤干燥的人会更早出现皱纹。

为什么会有不同的肤色？

人的皮肤像一件盔甲一样，包裹着人的身体，保护着人的身体。皮肤的作用可大了。它可以防止外界环境中的病菌、化学物质等的侵入，还能吸收太阳光中的有害光线；它能帮助人体调节体温，还具有感觉作用，帮我们感知周围的环境。

肤色是指人皮肤表皮层因黑色素、原血红素、叶红素等色

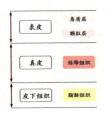

表皮　角质层　颗粒层
真皮　结缔组织
皮下组织　脂肪组织

素沉淀所反映出的皮肤颜色。在人类学
中，肤色被认为是与人种差别具有重要
关系的标志。肤色的遗传特点是人种划
分的指标之一，人的皮肤主要有白、黄、
黑3种肤色，人肤色的不同主要是由皮肤
内黑色素的含量决定的。黑色素是一种
不含铁质的褐色颗粒，多半与蛋白质结
合，存在于皮肤表皮生发层的细胞内，
或一部分存在于细胞间。如果体内的黑

sè sù hán liàng duō
色素含量多，

bìng yǐ kē lì zhuàng jí
并以颗粒状集

zhōng fēn bù zài shēng fā
中分布在生发

céng shí pí fū jiù
层时，皮肤就

huì chéng hēi sè rú
会呈黑色；如

guǒ hēi sè sù hán liàng
果黑色素含量

shǎo qiě qí fēn bù yán shēn zhì kē lì céng pí fū yán sè biàn
少，且其分布延伸至颗粒层，皮肤颜色便

qiǎn rú guǒ shēng fā céng de hēi sè sù hán liàng shǎo bìng chéng
浅；如果生发层的黑色素含量少，并呈

fēn sàn zhuàng tài fēn bù pí fū jiù huì chéng qiǎn sè
分散状态分布，皮肤就会呈浅色。

皮肤中的黑色素有什么用？

　　人的皮肤颜色是人在进化过程中逐渐适应环境的结果。阳光中的紫外线能帮助人体合成维生素 D，增强人体对疾病的抵抗力。紫外线过多或过少对人体都是不利的，黑色素则起到阻挡紫外线的作用。

为什么头发的颜色
会不一样？

头发是一种从头皮上生长出来的毛发，由毛根和毛干2部分组成。头发营养的供应状况以及发质都是由毛根决定的。毛根位于头皮下面，被毛囊保护着，通常每个毛囊生长一根头发。毛囊下端膨大的部分叫作毛球，毛球底部凹陷的部位叫作毛乳头，正是它向毛囊和毛根提

供了丰富的营养，使头发得以生长。

同样是人，但是头发有多种颜色，这是为什么呢？原来，人的头发在生长过程中可以产生两种色素，一种使头发呈现由深黑至浅褐色的各种色调，另一种色素使头发呈现金色、金褐色或棕色。由于人种不同，色素的含量也不一样，因此头发呈现的颜色不一样。

即使都是满头黑发，也会有所不同，一些人的头发乌黑发亮，一些人的头发却有些发黄还很脆，这是由于每个人分泌的皮脂不同造成的。生长头发的毛囊有皮脂腺，能分泌

chū dài yóu xìng de pí zhī　　dāng tóu fa bèi qiān dòng de shí hou
出带油性的皮脂；当头发被牵动的时候，

pí zhī jiù huì cóng pí zhī xiàn zhōng shùn zhe tóu fa shèn chū lái zī
皮脂就会从皮脂腺中顺着头发渗出来滋

rùn tóu fa　　měi gè rén pí zhī xiàn fēn mì de pí zhī bù tóng
润头发。每个人皮脂腺分泌的皮脂不同，

jiù zào chéng le fà sè hé fà zhì de bù tóng
就造成了发色和发质的不同。

WHY 你知道吗？

直发和卷发

　　毛囊是皮肤细胞的一种深囊，头发就是从深囊中长出来的。如果毛囊是圆形的，头发便呈圆形，且又直又长；如果毛囊呈椭圆形或均匀的细长形状，那么头发就呈椭圆形或扁平形，长出来就是卷曲的。

为什么人的血液都是红色的？

wèi shén me rén de xuè yè
为什么人的血液
dōu shì hóng sè de
都是红色的？

rén tǐ nèi bù de xuè yè jiù xiàng yì tiáo liú dòng de xiǎo
人体内部的血液就像一条流动的小

hé néng bǎ yǒu yòng de dōng xi bǐ rú kōng qì zhōng de yǎng
河，能把有用的东西，比如空气中的氧

qì hé shí wù zhōng de yíng yǎng wù zhì dài dào shēn tǐ gè gè bù wèi
气和食物中的营养物质带到身体各个部位

qù bìng yùn zǒu dài xiè chǎn shēng de fèi wù hái néng bāng zhù rén
去，并运走代谢产生的废物，还能帮助人

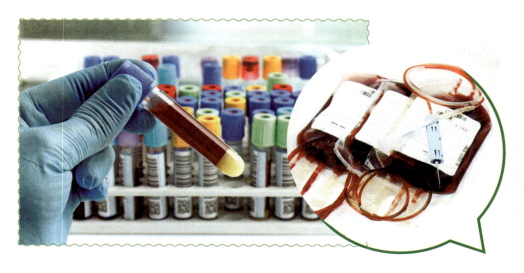

体抵抗细菌的入侵。

人的血液可分为细胞和非细胞2部分。细胞部分又分为红细胞、白细胞和血小板，非细胞部分是血浆。血液的红色来自红细胞内的血红蛋白，血红蛋白是由球蛋白和血红素组成的，而血红素是一种红色的物质，因为血液中红细胞含量很高，一滴血液中就有几百万个红细胞，所以当这些含有大量血红素的红细胞悬浮在血浆中时，血液就成为红色的了。

血小板在血管里是无色的，没有固定的形状，平均寿命为7～14天。血小

板一旦随着血液流出血管，就会立即破碎，发生一系列化学反应，使血管收缩变细，血流速度减慢，并凝固成一根根又细又长的纤维，纵横交错地聚积在伤口表面，堵塞破裂的血管，起到止血的作用。如果血液中的血小板含量较少，血液难以凝固，就会出血不止。

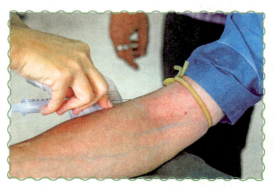

WHY 你知道吗？

为什么血管看上去是青色的？

鲜红的血液在血管中流淌时，会无私地将氧气送给人体的各个部位。等它们来到皮肤表层的血管里时，就会因为缺氧变成紫红色。这种紫红色和血管、皮肤的颜色重合起来，就变成了青色。

为什么人每天都要睡觉？

每个人在忙碌一天之后，都要美美地睡上一觉。睡觉是人的一种生理反应，是大脑神经活动的一部分，是大脑皮质内神经细胞持续兴奋之后受到抑制的结果。经过一天的学习和工作，身体会感到疲劳，睡觉可以使身体恢复能量，保持

旺盛的精力。这是因为睡觉时人体的能量消耗减少，而活动时在体内积累的代谢废物，如二氧化碳、乳酸、尿素等，分解排泄，所以身体可以恢复能量。如果睡眠不足，就会加重疲劳，使工作、学习等活动能力下降。长期睡眠不足，会导致身体抵抗力减弱，容易生病。所以说，充足的睡眠是人体必需的。

好好睡觉会让身体得到充足的休息，好让人能够继续第二天的学习和工

zuò tóng shí wǒ men shuì jiào de shí hou rén tǐ huì huò dé
作。同时，我们睡觉的时候，人体会获得

zú gòu de néng liàng xiū fù bái tiān de huó dòng zào chéng de sǔn
足够的能量，修复白天的活动造成的损

shāng ràng rén tǐ huī fù jīng lì hǎo hǎo shuì jiào yě néng cù jìn
伤，让人体恢复精力。好好睡觉也能促进

nǎo chuí tǐ de fēn mì ràng wǒ men kuài kuài zhǎng gè zi
脑垂体的分泌，让我们快快长个子。

WHY 你知道吗？

不同年龄的睡眠时间

2~6 岁的儿童每天要睡 12 个小时左右，7~14 岁的儿童每天
要睡 10 个小时，15 岁以上每天一般睡 8 个小时就足够了，而年
过 60 岁的老人睡眠时间常会降到 6 个小时以下。

呼噜声是怎么形成的？

我们在讲话时靠气流冲击喉部声带（两块小肌肉）中间的空隙发音，然后由唇、舌等部位的肌肉搭配，形成各种形状的空腔，发出各种不同的声音，组织成语言。在我们睡觉时，唇、舌等部位的肌肉已经休息，不能随意搭配形成各种空腔，但始终留出一个大的通道——嗓子（咽部），如果这个通道变窄或变

成缝隙了，那么气流
通过时就会发出声音
来，这就是打呼噜。
胖人、咽喉部肌肉松
弛的人、嗓子发炎的人
最容易打呼噜。另外，
当睡眠环境噪声非常
大、空气流通不畅时，
也容易使人打呼噜。

睡觉打呼噜大多是因为
头的位置不正，使鼻子无法正常呼吸。
如果想解决这一问题，可以尽量侧睡，避
免鼻子被堵住。另外，打呼噜也可能是疾
病引起的，如果是这样，就要及早诊治。
除了打呼噜，睡觉时的坏习惯还有

磨牙，磨牙又是怎么一回事呢？在正常情况下，人睡着以后，脑子里负责各种活动的神经细胞忙碌了一天，也都休息了。但是，睡觉时爱磨牙的人，由于身体受到各种刺激，有时候大脑中控制咀嚼肌活动的神经不能很好地休息，继续指挥下颌不自主地运动，就磨起牙来。这种无效的咀嚼运动是口腔的一种异常功能现象。

睡眠疾病

睡眠也存在疾病问题。睡眠疾病可以分为三类，一是睡得太少，失眠；二是睡得太多，嗜睡；三是睡眠中出现异常行动，即异常睡眠。

为什么我们会做梦？

俗话说，日有所思，夜有所梦。这是因为人的一举一动都是听从脑子指挥的。脑子的分工非常细，有管想的、管看的、管听的、管做的等许多部分。白天，人醒着的时候，脑子的各个部分都

zài shàng bān gōng zuò　　suǒ yǐ kě yǐ zuò gè zhǒng gè yàng de shì
在 上 班 工 作 ， 所 以 可 以 做 各 种 各 样 的 事

qíng　　yè lǐ　　rén shuì zháo le　　nǎo zi yě xià bān xiū xi
情 。 夜 里 ， 人 睡 着 了 ， 脑 子 也 下 班 休 息

le　　rén jiù shén me yě bù qīng chu le　　dàn shì　　rén shuì jiào
了 ， 人 就 什 么 也 不 清 楚 了 。 但 是 ， 人 睡 觉

de shí hou　　bú shì yí xià zi jiù shuì zháo de　　shì màn màn shuì
的 时 候 ， 不 是 一 下 子 就 睡 着 的 ， 是 慢 慢 睡

zháo de　　zuì xiān xiū xi de shì guǎn shǒu jiǎo huó dòng de nà bù fen
着 的 。 最 先 休 息 的 是 管 手 脚 活 动 的 那 部 分

nǎo zi　　suǒ yǐ rén yì fā kùn jiù huì jué de sì zhī tān ruǎn wú
脑 子 ， 所 以 人 一 发 困 就 会 觉 得 四 肢 瘫 软 无

lì　　jiē zhe cái shì guǎn tīng de　　guǎn kàn de　　guǎn gǎn jué lěng
力 。 接 着 才 是 管 听 的 、 管 看 的 、 管 感 觉 冷

rè de　　yí gè jiē yí gè de xiū xi xià lái　　zuì hòu rén jiù
热 的 ， 一 个 接 一 个 地 休 息 下 来 ， 最 后 人 就

睡着了。在人睡着的时候，脑子里有一些部分休息了，还有一些部分没有休息，人就容易做梦。

做梦梦到过去的事情，跟平时人回忆过去的事情一样，都是翻脑子里的老账。不同的是，平时回忆某一件事情，是人主动去翻老账；做梦梦到过去的事情，只能是碰巧碰上的。

WHY 你知道吗？

梦游

梦游主要是人的大脑皮质活动的结果。大脑的活动包括"兴奋"和"抑制"两个过程。通常，人在睡眠时，大脑皮质的细胞都处于抑制状态。倘若这时有一组或几组支配运动的神经细胞仍然处于兴奋状态，就会发生梦游。

为什么转圈会头晕？

挑水的时候，如果走路稳当，那么两桶水就平稳；如果走路摇摇晃晃，那么两桶水就会摇来晃去。人转圈头晕，跟挑水虽然是两回事，但是其中的道理很相近。挑水的时候，因为人走路不稳，使水桶里的水发生摇晃；转圈头晕，也

是因为人身体摇晃，使耳朵中的平衡器官不平稳，才头晕的。

在耳朵的鼓膜里面，有个耳蜗，耳蜗的上边有三条连着的半圆形管子，叫半规管，这就是人体的平衡器官。管子里盛满了一种像水一样的液体。平时头和身体不偏转，这三管"水"就平平稳稳，什么事也没有；如果头和身体偏来转去，管子里的"水"就晃动起来，很不平稳。我们平时活动，头和身体也偏转，但是动作比较慢，管子里的"水"晃动得不厉害，对神经刺激

小，头晕的程度很轻，不容易感觉出来。

有时偏转很急，比如猛然弯腰去捡地上

的东西，也会忽地一下感到头晕，但是因

为时间短，不会觉得有太大的不舒服。但

如果人连续转圈，而且转得很急，管子

里的"水"晃动

得很厉害，神经

受的刺激大、时

间久，人就头晕

得厉害。

WHY 你知道吗？

嚼口香糖可以缓解晕机

　　我们坐在飞机上，当飞机起飞和降落的时候，会感到耳朵中有明显的不适，这是因为飞机起飞、下降时气压会急剧变化，所以耳朵会不舒服。如果在这时你张开嘴或嚼嚼口香糖，或许会感觉舒服些！

WHY?
这是为什么

生活百科

胡文萱◎主编

北京工艺美术出版社

图书在版编目（CIP）数据

WHY？这是为什么．生活百科 ／ 胡文萱主编．－－ 北京 ： 北京工艺美术出版社，2022.10
ISBN 978－7－5140－2450－0

Ⅰ．① W… Ⅱ．①胡… Ⅲ．①科学知识－儿童读物②生活－知识－儿童读物 Ⅳ．① Z228.1 ② TS976.3－49

中国版本图书馆 CIP 数据核字 (2022) 第 094502 号

出 版 人：陈高潮　　策 划 人：杨 宇　　装帧设计：上上设计
责任编辑：张怀林　　责任印制：王 卓

法律顾问：北京恒理律师事务所 丁 玲 张馨瑜

WHY？这是为什么·生活百科
WHY？ZHE SHI WEISHENME·SHENGHUO BAIKE

胡文萱 主编

出　版	北京工艺美术出版社	
发　行	北京美联京工图书有限公司	
地　址	北京市西城区北三环中路6号 京版大厦B座702室	
邮　编	100120	
电　话	(010) 58572763（总编室）	
	(010) 58572586（编辑室）	
	(010) 64280045（发　行）	
传　真	(010) 64280045/58572763	
网　址	www.gmcbs.cn	
经　销	全国新华书店	
印　刷	天津海德伟业印务有限公司	
开　本	700 毫米×1000 毫米　1/16	
印　张	8	
字　数	90千字	
版　次	2022年10月第1版	
印　次	2022年10月第1次印刷	
印　数	1～20000	
书　号	ISBN 978－7－5140－2450－0	
定　价	199.00元（全五册）	

WHY？
这是为什么
Preface

前言

    随着孩子们不断长大，他们探索大千世界的欲望会越加强烈，他们的小脑袋里会时不时冒出各种各样的问题。如，太阳是一个大火球吗？美丽的彩虹是谁画出来的？鸟儿为什么能飞那么高？树叶到了秋天为什么会变黄？心脏为什么跳个不停？眼泪为什么是咸的？……这些层出不穷的"小问题"，是孩子们对这个世界的初步探索。

    为了满足孩子们的好奇心，开阔他们的视野，启发他们的创造力和想象力，我们精心编排了这套《WHY？这是为什么》丛书。这是一套融趣味性、知识性、科学性于一体的少儿百科全书，囊括了天文、地理、动物、植物、历史、生活、人体等多个领域的知识。本系列图书从孩子的视角出发，所选内容简单易懂，用语生动有趣，全彩注音，装帧精致，插图唯美。

    希望孩子们能通过阅读本丛书领略到一个精彩奇妙、色彩斑斓的大千世界。我们衷心祝愿每一位孩子都能在本丛书的陪伴下茁壮成长。

目录

Contents

废旧电池为什么不能乱扔？

日常生活中我们都离不开电池，可是电池都有一定的寿命，当一节电池结束自己的使命后，就成了废旧电池。当电池的电量耗尽以后，许多人随手就把它丢到垃圾箱里去了。他们不知道，这样做是在破坏环境，所以必须对废旧电池进行妥善回收。

为什么不能将废旧电池作为生活垃圾丢弃而应该进行回收呢？这是因

为，干电池、充电电池的主要成分是锌皮（铁皮）、汞、硫酸化物和铜帽，蓄电池的成分以铅的化合物为主。假如我们将废电池作为生活垃圾处理，那么电池中的重金属（如铅、汞、镉、锰）会污染水源和土壤，而且它们会通过各种途径进入人的食物链中。这些重金属进入人体内，长期积蓄难

以排除，会损害神经系统、造血功能和骨骼，甚至可以致癌。

而将废旧电池回收，就能够将其变废为"宝"了。电池中含有大量的有色金属，将废旧电池再利用，提取其中的有用成分，这些废旧电池就能再为人类造福。

WHY 你知道吗？

处理废旧电池的方法

处理废旧电池，可以采用减量化、资源化、无害化的指导思想。针对不同类型、不同规格的废电池采用不同的处理方式，如固化深埋、存放于旧矿井中、回收再利用等。

洗涤剂为什么可以去除污渍?

生活中，我们经常会碰到很多污渍，所以会用到各种洗涤剂。为什么洗涤剂可以去除污渍呢？这是因为洗涤剂的主要物质是表面活性剂。

表面活性剂的分子中含有一个亲水端和一个亲油端，亲水端与水有很强的结合力，亲油端同油有很强的结合力。洗涤剂溶于水时，能降低水的表面张力，洗涤剂浸湿洗涤

<ruby>物<rt>wù</rt></ruby>，<ruby>渗<rt>shèn</rt></ruby><ruby>透<rt>tòu</rt></ruby><ruby>到<rt>dào</rt></ruby><ruby>污<rt>wū</rt></ruby><ruby>渍<rt>zì</rt></ruby><ruby>和<rt>hé</rt></ruby><ruby>洗<rt>xǐ</rt></ruby><ruby>涤<rt>dí</rt></ruby><ruby>物<rt>wù</rt></ruby><ruby>之<rt>zhī</rt></ruby><ruby>间<rt>jiān</rt></ruby>，<ruby>降<rt>jiàng</rt></ruby><ruby>低<rt>dī</rt></ruby><ruby>污<rt>wū</rt></ruby><ruby>渍<rt>zì</rt></ruby>

<ruby>与<rt>yǔ</rt></ruby><ruby>洗<rt>xǐ</rt></ruby><ruby>涤<rt>dí</rt></ruby><ruby>物<rt>wù</rt></ruby><ruby>的<rt>de</rt></ruby><ruby>结<rt>jié</rt></ruby><ruby>合<rt>hé</rt></ruby><ruby>力<rt>lì</rt></ruby>，<ruby>使<rt>shǐ</rt></ruby><ruby>污<rt>wū</rt></ruby><ruby>渍<rt>zì</rt></ruby><ruby>与<rt>yǔ</rt></ruby><ruby>洗<rt>xǐ</rt></ruby><ruby>涤<rt>dí</rt></ruby><ruby>物<rt>wù</rt></ruby><ruby>分<rt>fēn</rt></ruby>

<ruby>离<rt>lí</rt></ruby>，<ruby>从<rt>cóng</rt></ruby><ruby>而<rt>ér</rt></ruby><ruby>达<rt>dá</rt></ruby><ruby>到<rt>dào</rt></ruby><ruby>洗<rt>xǐ</rt></ruby><ruby>涤<rt>dí</rt></ruby><ruby>的<rt>de</rt></ruby><ruby>目<rt>mù</rt></ruby><ruby>的<rt>dì</rt></ruby>。

　　<ruby>打<rt>dǎ</rt></ruby><ruby>个<rt>gè</rt></ruby><ruby>比<rt>bǐ</rt></ruby><ruby>方<rt>fāng</rt></ruby>，<ruby>洗<rt>xǐ</rt></ruby><ruby>衣<rt>yī</rt></ruby><ruby>物<rt>wù</rt></ruby><ruby>时<rt>shí</rt></ruby>，<ruby>表<rt>biǎo</rt></ruby><ruby>面<rt>miàn</rt></ruby><ruby>活<rt>huó</rt></ruby><ruby>性<rt>xìng</rt></ruby><ruby>剂<rt>jì</rt></ruby><ruby>分<rt>fēn</rt></ruby>

<ruby>子<rt>zǐ</rt></ruby><ruby>的<rt>de</rt></ruby><ruby>亲<rt>qīn</rt></ruby><ruby>水<rt>shuǐ</rt></ruby><ruby>端<rt>duān</rt></ruby><ruby>和<rt>hé</rt></ruby><ruby>亲<rt>qīn</rt></ruby><ruby>油<rt>yóu</rt></ruby><ruby>端<rt>duān</rt></ruby><ruby>就<rt>jiù</rt></ruby><ruby>像<rt>xiàng</rt></ruby><ruby>两<rt>liǎng</rt></ruby><ruby>只<rt>zhī</rt></ruby><ruby>手<rt>shǒu</rt></ruby><ruby>一<rt>yí</rt></ruby><ruby>样<rt>yàng</rt></ruby>，

<ruby>一<rt>yì</rt></ruby><ruby>只<rt>zhī</rt></ruby><ruby>手<rt>shǒu</rt></ruby><ruby>拉<rt>lā</rt></ruby><ruby>住<rt>zhù</rt></ruby><ruby>水<rt>shuǐ</rt></ruby>，<ruby>一<rt>yì</rt></ruby><ruby>只<rt>zhī</rt></ruby><ruby>手<rt>shǒu</rt></ruby><ruby>拉<rt>lā</rt></ruby><ruby>住<rt>zhù</rt></ruby><ruby>油<rt>yóu</rt></ruby><ruby>污<rt>wū</rt></ruby>，<ruby>使<rt>shǐ</rt></ruby><ruby>互<rt>hù</rt></ruby><ruby>不<rt>bù</rt></ruby>

<ruby>相<rt>xiāng</rt></ruby><ruby>溶<rt>róng</rt></ruby><ruby>的<rt>de</rt></ruby><ruby>油<rt>yóu</rt></ruby><ruby>和<rt>hé</rt></ruby><ruby>水<rt>shuǐ</rt></ruby><ruby>发<rt>fā</rt></ruby><ruby>生<rt>shēng</rt></ruby><ruby>乳<rt>rǔ</rt></ruby><ruby>化<rt>huà</rt></ruby>、<ruby>增<rt>zēng</rt></ruby><ruby>溶<rt>róng</rt></ruby><ruby>作<rt>zuò</rt></ruby><ruby>用<rt>yòng</rt></ruby>，<ruby>再<rt>zài</rt></ruby>

tōng guò shǒu cuō huò xǐ yī jī de
通过手搓或洗衣机的

mó cā děng jiāng wū zì cóng yī
摩擦等将污渍从衣

wù xiān wéi zhōng dài chū yī
物纤维中带出，衣

wù biàn gān jìng le
物便干净了。

rú guǒ yòng xǐ yī fěn xǐ yī
如果用洗衣粉洗衣

fu shí bìng bú shì pào mò yuè duō yuè hǎo dāng xǐ yī fěn dá
服时，并不是泡沫越多越好。当洗衣粉达

dào yí dìng nóng dù shuǐ róng yè de biǎo miàn huó xìng dá dào zuì dà
到一定浓度，水溶液的表面活性达到最大

zhí chāo guò gāi nóng dù hòu xǐ yī fěn de qù wū néng lì jiù bú
值，超过该浓度后洗衣粉的去污能力就不

zài zēng jiā le fǎn ér yǒu jiǎn shǎo de qū shì
再增加了，反而有减少的趋势。

你知道吗？

洗衣粉能与消毒液混用吗？

许多人喜欢用洗衣粉洗衣物时加消毒液，这是不恰当的做法。因为洗衣粉中多含有表面活性剂，要是将洗衣粉和消毒液混合使用，很容易产生化学反应，使清洁和消毒效果都大打折扣。

为什么圆珠笔能写出字来？

圆珠笔的圆珠由黄铜、钢或者碳化钨制成，可在书写时将墨水释放到纸上。圆珠笔具有结构简单、携带方便、书写润滑、适宜复写等优点，从学校的学生到写字楼的文员都乐于使用。圆珠笔与它的"前辈"们——芦苇笔、羽毛笔、金属笔尖的笔和自来水笔差别很大。

那么，圆珠笔又是怎样写出字的呢？圆珠笔又称原

子笔，是依靠笔头上自由转动的圆珠带出油墨转写到纸上的。圆珠笔的笔杆是空心的，里面装着笔油。当用圆珠笔写字时，小圆珠就在纸上滚动起来，一边滚动，一边把笔杆里的笔油带到纸上，笔油随着小圆珠的移动留下痕迹。圆珠笔笔杆里装什么颜色的油，就写出什么颜色的字来。圆珠笔油墨的色素是染料。油墨主要有蓝、红、黑三种颜色，其中尤以蓝色油墨使用最多。如果圆珠笔的笔尖沾上了脏东西或者笔油没了，圆珠笔就写不出字了。

圆珠笔的笔尖不是很耐用，不小心摔到地上就可能把笔尖摔坏，所以平时一定要好好保护。当我们不用圆珠笔的时候，最好放在笔筒里或者用笔帽盖上。

WHY 你知道吗？

铅笔芯

　　铅笔的笔芯不是用铅做成的，而是用石墨和黏土做成的。把黏土和石墨磨成细粉，然后搅拌成像糨糊一样的浓浆，再用机器将其挤压成长条状，再烘干，就变成硬硬的铅笔芯了。

guò shēng rì wèi shén me yào chuī là zhú
过生日为什么要吹蜡烛？

chuán shuō guò shēng rì chuī là zhú zhè yì xí sú zuì zǎo
传说，过生日吹蜡烛这一习俗最早

kāi shǐ yú gǔ xī là zài gǔ xī là rén men tè bié chóng
开始于古希腊。在古希腊，人们特别崇

bài yuè liang nǚ shén ā ěr tè mí sī měi nián tā guò shēng rì
拜月亮女神阿尔忒弥斯，每年她过生日

de shí hou rén men dōu huì jǔ xíng shèng dà de diǎn lǐ lái qìng
的时候，人们都会举行盛大的典礼来庆

祝。在庆祝时，人们用面粉和蜂蜜做成

蛋糕，并在蛋糕上面插上很多被点亮的

蜡烛。

人们认为蜡烛发出的光亮就是月亮

的光芒。后来，古希腊人在为孩子庆祝

生日时，也在蛋糕上插蜡烛。他们认

为，燃烧着的蜡烛具有某种神奇隐秘的

力量，孩子若能一口气吹灭所有蜡烛，就

会实现所许的愿望。

WHY 这是为什么

zǒng zhī　　　chuī là zhú chéng wéi shēng rì yàn huì shàng bì bù
总之，吹蜡烛成为生日宴会上必不

kě shǎo de huán jié　　zhè ge xí sú yì zhí liú xíng zhì jīn　　rén
可少的环节，这个习俗一直流行至今，人

men dōu xī wàng zì jǐ de wèi lái néng gòu yuán mǎn shùn lì
们都希望自己的未来能够圆满顺利。

WHY 你知道吗？

过生日吃蛋糕

　　过生日吃蛋糕起源于中世纪的欧洲。欧洲人认为生日那天吃蛋糕能驱逐恶魔。生日蛋糕，起初唯有国王有资格拥有。现在，不管是大人还是小孩子，都会在生日当天买个蛋糕，接受众人的祝福。

长时间吹电扇有什么坏处吗？

夏天的空气湿度很大，当风力弱、空气流动小时，人体的温度与周围环境的温度差不多，这样就很容易让我们感到闷热。这时候人们就会打开电扇使空气流动加大，让汗水蒸发得快些，这样一来人就会感到舒服了。有不少小朋友光顾着舒服了，吹起电扇来，就什么都不管了，一味

地沉浸在电扇带来的清凉中。

但是你知道吗，长时间地吹电扇对人体的健康是很不利的。我们一直吹电扇时，尽管身上没有汗了，但是同时体内的热也散发不出去，这样一来，我们就会感到头晕、头痛，全身不舒服。尤其是刚运动完，大汗淋漓的时候对着电扇吹，会使皮肤的温度骤降，毛孔闭塞，容易引起感冒。有的人为了舒服，还喜欢开着电

shàn shuì jiào　　ér rén zài shuì jiào shí　　shēn shàng de máo kǒng zhāng
扇睡觉，而人在睡觉时，身上的毛孔张

kāi　　yí dàn chuī fēng shí jiān guò cháng　　jiù hěn róng yì gǎn mào
开，一旦吹风时间过长，就很容易感冒。

yīn cǐ　　wú lùn tiān
因此，无论天

qì duō rè　　yě bú yào chuī
气多热，也不要吹

tài cháng shí jiān de diàn shàn
太长时间的电扇。

zuì hǎo shì jiāng chuāng hu dǎ
最好是将窗户打

kāi　　ràng kōng qì liú tōng qǐ lái　　jí biàn shì kāi diàn shàn
开，让空气流通起来。即便是开电扇，

yě bú yào yì zhí duì zhe chuī　　kě tiáo jié zhuǎn tóu kāi guān
也不要一直对着吹，可调节转头开关，

chuī chuī tíng tíng　　shuì jiào shí bú yào zhǐ tú yì shí tòng kuài　　yí
吹吹停停。睡觉时不要只图一时痛快，一

dìng yào kāi qǐ diàn shàn dìng shí qì　　zhè yàng cái bú huì sǔn hài
定要开启电扇定时器，这样才不会损害

jiàn kāng
健康。

吹风扇讲究方法

　　电风扇是人们夏季的防暑降温用具之一。吹电风扇是要讲究方法的，一般以一次吹风半小时到 1 小时为宜。吹电扇时，人和电扇的距离保持在 2 米以上。

为什么水壶底会有一圈圈的花纹？

wèi shén me shuǐ hú dǐ huì yǒu

yì quān quān de huā wén

烧水的时候，人们希望能够更好地利用能量，从而让水赶快烧开，这样水壶就需要一个能最大程度采集热量，从而

使水迅速加热的底。一张折皱的纸的实
际面积比一张和它大小一样但平整的纸
的面积要大得多，水壶底部的波浪纹也是
这个道理，一圈圈的纹路使水壶底的实际
面积比我们看到的要大。

这些波纹可以增大水壶底部的受热
面积，充分利用热能，缩短加热时间，使

水迅速烧开。水壶波浪纹的底除了增大受热面积，还在一定程度上加固了壶底。另外，在烧水时，这些波浪纹还十分有效地分散了火力，从而使火力不至于集中在一点或者一块上，增加了壶底的耐受力，也延长了水壶的使用寿命。

WHY? 你知道吗?

如何清理水垢呢?

水壶内壁一般都结有白色的水垢，会使水壶的导热能力下降。可将白醋和水以 1∶2 的比例倒进水壶里，烧开后浸泡 2 小时以上，再用清水清洗干净即可。

为什么塑料瓶不能用来装食用油？

在日常生活中，很多人会用可乐、雪碧等饮料瓶来贮存食用油，或盛放酱油、醋等。其实这样做会给人体带来极大害处。饮料瓶的主要原料是聚乙烯、聚氯

乙烯等塑料。短时间内用塑料瓶来盛装食用油不会对人体健康产生影响，但是如果长期用塑料瓶盛装食用油，会污染食用油，对人体产生危害。

这是因为，塑料瓶一般具有透明度高、易于老化等特点，在空气中会受到氧气、臭氧、紫外线的作用而产生强烈的异味，加上时间久了聚化物本身的老化，若长期用塑料瓶盛放食用油，会使食用油变质。

另外，聚氯乙烯的组成分子氯乙烯不仅有毒，而且在油脂中极易分解并析出氯化氢和氯。除此之外，在塑料中添加的增塑剂，如苯二甲酸酯类，还有用作稳定剂的铅、镉和有机锡，都是毒性较大的有毒化学物质，而且易溶解于油脂。

聚乙烯塑料本身没有毒性，但是它与油脂接触后会析出低分子化合物，这些低分子化合物溶于油脂会产生毒性。所以，日常生活中，我们一定不要用塑料瓶来装食用油。

油着了可以用水扑灭吗？

油烧着了是不能用水扑灭的，因为油的密度比水小，往着火的油锅里浇水，油会漂在水上面，甚至溢出锅外，使火势蔓延。所以扑灭油火最好用能隔绝氧气的东西，例如沙土等。

为什么电灯泡用久了会发黑？

wèi shén me diàn dēng pào yòng jiǔ le huì fā hēi

白炽灯是用钨丝导电发光的。当电流通过导体时，一部分电能转化成热能，热能达到一定程度时又会转变成光能。当打开电灯开关时，电流会通过灯

pào zhōng de wū sī　　wū sī xùn sù fā rè dá dào bái chì zhuàng
泡中的钨丝，钨丝迅速发热达到白炽状

tài shí　　jiù huì fā chū míng liàng de guāng máng　　zhè jiù shì bái
态时，就会发出明亮的光芒，这就是白

chì dēng fā guāng de　jī běn yuán lǐ
炽灯发光的基本原理。

mì fēng de bō lí wài ké de zuò yòng zé shì bǎo hù dēng
密封的玻璃外壳的作用则是保护灯

sī　　gé jué wài jiè de kōng qì　　bì miǎn dēng sī yīn gāo wēn yǎng
丝，隔绝外界的空气，避免灯丝因高温氧

huà　　diàn dēng pào de zuì dà wèn tí shì dēng sī de shēng huá
化。电灯泡的最大问题是灯丝的升华。

yīn wèi wū sī shàng xì wēi de diàn zǔ chā bié zào chéng dēng sī wēn
因为钨丝上细微的电阻差别造成灯丝温

dù bù yí yàng　　zài diàn zǔ jiào dà de dì fang　　wēn dù huì
度不一样，在电阻较大的地方，温度会

shēng de jiào gāo　　wū sī shēng huá chéng qì tǐ jiào kuài　guān dēng
升 得 较 高， 钨 丝 升 华 成 气 体 较 快。 关 灯

hòu　　wū sī jiàng wēn
后， 钨 丝 降 温，

zhè xiē qì tǐ yòu níng huá
这 些 气 体 又 凝 华

chéng gù tǐ　　fù gài yú
成 固 体， 覆 盖 于

dēng pào de nèi bì shàng
灯 泡 的 内 壁 上，

wū shì hēi sè de　　suǒ yǐ kàn qǐ lái jiù shì diàn dēng pào biàn hēi
钨 是 黑 色 的， 所 以 看 起 来 就 是 电 灯 泡 变 黑

le　　zhè zhǒng fǎn yìng fǎn fù fā shēng　　dēng pào yòng de yuè jiǔ
了。 这 种 反 应 反 复 发 生， 灯 泡 用 得 越 久，

dēng pào nèi bì shàng jī lěi de wū jiù yuè duō　　dēng pào yě jiù
灯 泡 内 壁 上 积 累 的 钨 就 越 多， 灯 泡 也 就

yuè hēi
越 黑。

电灯泡的寿命

　　电灯泡的寿命与灯丝的温度有关，温度越高，灯丝就越容易升华，变得越来越细，细到一定程度，通电后就很容易被烧断。所以，电灯的功率越大，寿命就越短。为了延长灯泡的寿命，人们在灯泡里装有氮、氩混合的惰性气体，这种气体可以有效防止灯丝因温度过高而被烧断。

为什么灭火器能灭火？

灭火器是一种可携式的灭火工具，是常见的防火设施之一。灭火器内填充了化学物品，可以用来扑灭火灾。那么，灭火器为什么能灭火呢？

常用的灭火方法有冷却法、隔离法、窒息法。冷却法是将温度较低的灭火剂直接喷射到燃烧物上，使燃烧物的温度低于燃点，从而灭火。

隔离法是将正在

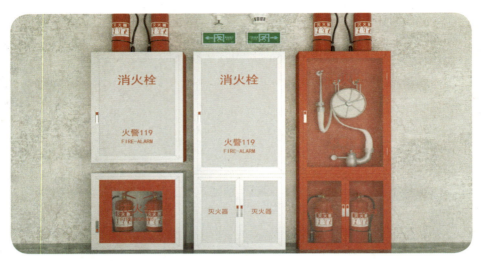

rán shāo de wù zhì hé zhōu wéi wèi rán shāo de kě rán wù zhì gé
燃烧的物质和周围未燃烧的可燃物质隔

lí zhōng duàn kě rán wù zhì de gōng jǐ cóng ér shǐ rán shāo
离，中断可燃物质的供给，从而使燃烧

tíng zhǐ zhì xī fǎ shì zǔ zhǐ
停止。窒息法是阻止

kōng qì liú rù rán shāo qū
空气流入燃烧区，

huò yòng bù rán wù zhì chōng
或用不燃物质冲

dàn kōng qì shǐ rán shāo
淡空气，使燃烧

wù dé bú dào zú gòu de
物得不到足够的

yǎng qì ér xī miè
氧气而熄灭。

èr yǎng huà tàn miè huǒ qì
二氧化碳灭火器

就是利用隔绝空气中的氧气的原理来灭火的。物体的燃烧需要氧气，二氧化碳灭火器里有硫酸铝和碳酸氢钠两种特殊的液体，只要让它们混合在一起，就会产生大量的二氧化碳泡沫，它一喷出来，就像一层棉被似的盖在燃烧物的表面，使其与空气隔绝，没有了氧气，火就被扑灭了。

WHY 你知道吗？

灭火器的分类

按照充装的灭火剂的不同，灭火器主要有泡沫灭火器、干粉灭火器、二氧化碳灭火器等。

边看电视边吃饭有什么影响？

biān kàn diàn shì biān chī fàn yǒu shén me

yǐng xiǎng

在吃饭时，需要全身大部分血液集中到胃、肠等消化器官，才能保证完成消化食物和吸收营养的任务，如果边吃饭边看电视，眼睛、耳朵必然要不断往大

nǎo lǐ chuán dì xìn hào　　dà nǎo jiù děi bú duàn de fēn xī
脑里传递信号，大脑就得不断地分析、

zōng hé　　pàn duàn zhè xiē xìn hào　　jiù xū yào yǒu gèng duō de xuè
综合、判断这些信号，就需要有更多的血

yè wèi dà nǎo fú wù
液为大脑服务。

　　　　nà me　　liú jīng cháng
　　那么，流经肠

wèi de xuè yè jiù xiāng duì jiǎn
胃的血液就相对减

shǎo le　　huì dǎo zhì xiāo huà hé
少了，会导致消化和

xī shōu gōng néng shòu yǐng xiǎng　　cǐ
吸收功能受影响。此

wài　　kàn diàn shì yǒu shí hā hā dà xiào
外，看电视有时哈哈大笑

huò zhēng lùn　　bǎ shí jiān tuō yán de hěn cháng　　rè hū hū de
或争论，把时间拖延得很长，热乎乎的

<ruby>饭<rt>fàn</rt></ruby><ruby>菜<rt>cài</rt></ruby><ruby>会<rt>huì</rt></ruby><ruby>变<rt>biàn</rt></ruby><ruby>凉<rt>liáng</rt></ruby>；<ruby>同<rt>tóng</rt></ruby><ruby>时<rt>shí</rt></ruby><ruby>还<rt>hái</rt></ruby><ruby>会<rt>huì</rt></ruby><ruby>出<rt>chū</rt></ruby><ruby>现<rt>xiàn</rt></ruby><ruby>咬<rt>yǎo</rt></ruby><ruby>舌<rt>shé</rt></ruby>、<ruby>呛<rt>qiāng</rt></ruby><ruby>饭<rt>fàn</rt></ruby><ruby>和<rt>hé</rt></ruby>

<ruby>咀<rt>jǔ</rt></ruby><ruby>嚼<rt>jué</rt></ruby><ruby>不<rt>bú</rt></ruby><ruby>细<rt>xì</rt></ruby><ruby>等<rt>děng</rt></ruby><ruby>现<rt>xiàn</rt></ruby><ruby>象<rt>xiàng</rt></ruby>。<ruby>时<rt>shí</rt></ruby><ruby>间<rt>jiān</rt></ruby><ruby>长<rt>cháng</rt></ruby><ruby>了<rt>le</rt></ruby>，<ruby>消<rt>xiāo</rt></ruby><ruby>化<rt>huà</rt></ruby><ruby>器<rt>qì</rt></ruby><ruby>官<rt>guān</rt></ruby>

<ruby>功<rt>gōng</rt></ruby><ruby>能<rt>néng</rt></ruby><ruby>会<rt>huì</rt></ruby><ruby>减<rt>jiǎn</rt></ruby><ruby>退<rt>tuì</rt></ruby>，<ruby>引<rt>yǐn</rt></ruby><ruby>起<rt>qǐ</rt></ruby><ruby>慢<rt>màn</rt></ruby><ruby>性<rt>xìng</rt></ruby><ruby>胃<rt>wèi</rt></ruby><ruby>肠<rt>cháng</rt></ruby><ruby>病<rt>bìng</rt></ruby>，<ruby>影<rt>yǐng</rt></ruby><ruby>响<rt>xiǎng</rt></ruby><ruby>营<rt>yíng</rt></ruby>

<ruby>养<rt>yǎng</rt></ruby><ruby>的<rt>de</rt></ruby><ruby>吸<rt>xī</rt></ruby><ruby>收<rt>shōu</rt></ruby>。

WHY 你知道吗？

电视机的发明

电视机的发明引发了一场新闻、文艺、科技和教育传播的大革命。第一台有实用意义的电视机是在1925年由英国人贝尔德发明的。电视机的诞生使人们获得了更多的信息和欢乐，让人类的生活水平大幅提高，所以电视很快进入了千家万户。

为什么茶壶盖上会有一个小孔？

茶壶是茶具的一种，主要用来泡茶。茶壶由壶盖、壶身、壶底、圈足四部分组成。其质地很多，目前使用较多的是紫砂陶壶、瓷器茶壶。茶壶虽然有各种不同的材质、不同的形状，但是每个茶壶盖上都有一个小孔。

为什么茶壶盖上会有这样一个小孔

呢？这是因为，一方面，气体的压强会随体积的增大而减小，若壶盖上没有小孔与外界平衡，壶中的茶水倒掉一部分后，茶壶内剩余空间增大，壶内气体压强减小，当茶壶内外气体的压强差到一定程度的时候，壶中的水将因为外界压力过大而无法倾倒出去。因而在壶盖上开一个小孔来平衡茶壶内外的压强，茶水就可以在重力作用下一

zhí liú chū lái
直流出来。

lìng yì fāng miàn　dāng chá hú
另一方面，当茶壶

nèi de shuǐ fèi téng shí　　hú
内的水沸腾时，壶

nèi de yā qiáng bú duàn zēng dà
内的压强不断增大，

dāng hú nèi de yā qiáng dà yú wài jiè de qì yā shí　　hú nèi
当壶内的压强大于外界的气压时，壶内

de zhēng qì jiù huì jiāng hú gài chōng kāi　　kě néng huì fā shēng wēi
的蒸汽就会将壶盖冲开，可能会发生危

xiǎn　ér chá hú shàng yǒu gè xiǎo kǒng kě yǐ tiáo jié hú nèi wài
险，而茶壶上有个小孔可以调节壶内外

qì yā　　jiù xiàng gāo yā guō de pái qì kǒng yí yàng　　gèng yǒu
气压，就像高压锅的排气孔一样，更有

lì yú ān quán
利于安全。

WHY 你知道吗？

茶锈

　　茶叶中含有茶多酚，茶多酚分子之间会发生缩合、脱水等化学反应，使自己"个子"变大，生成一种叫鞣酐的物质，这些红色或棕色沉淀物附着在茶杯的内壁上，久而久之，茶杯的内壁就会结成茶锈。

电饭锅可以用来煮粥、烧水吗？

在现代家庭中，电饭锅的使用已经非常普遍了。用它来煮饭省时省电，安全卫生，属于理想的现代化家用电热炊具。但是，电饭锅并不是"全能选手"，

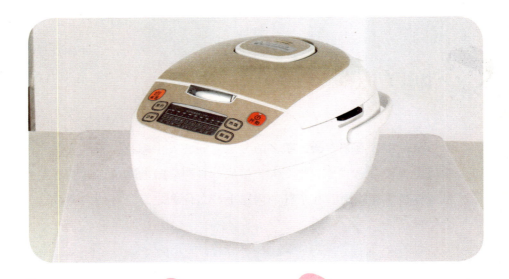

用它来煮粥、烧水就不合适了，为什么会这样呢？

电饭锅由外壳、锅盖、内胆、开关、发热板、温度控制装置等组成。当插上电源，按下按键开关时，磁性限温器接通，电热元件升温。一个有自动保温作用的热敏开关被装在了发热盘下面，它可使米饭保持在一定的温度范围内。

电饭锅煮饭时既不焦，又能保温。若在电饭锅内煮粥或烧水，则温度最高只能达到水的沸点，还达不到温控器断开电

yuán de dòng zuò wēn dù，cí xìng xiàn wēn qì zhōng de ruǎn cí xìng
源的动作温度，磁性限温器中的软磁性

tiě shǐ zhōng wú fǎ zì dòng tuō lí
铁始终无法自动脱离，

diàn fàn guō jiù zhǐ néng jì
电饭锅就只能继

xù jiā rè zhè yàng yì
续加热，这样一

lái jiù huì shǐ mǐ tāng huò
来就会使米汤或

shuǐ wài yì ér shèn rù nèi
水外溢而渗入内

dǎn zào chéng diàn qì líng
胆，造成电器零

jiàn shòu cháo ér xiù shí
件受潮而锈蚀，

huò zào chéng diàn lù duǎn lù，suǒ yǐ，diàn fàn guō bù yí yòng
或造成电路短路。所以，电饭锅不宜用

lái zhǔ zhōu huò shāo shuǐ
来煮粥或烧水。

WHY 你知道吗?

电饭锅的好处

电饭锅作为一种现代化炊具，可以进行蒸、炖、煨、焖等多种食物加工。电饭锅不仅可以把食物做熟，而且能够保温，使用起来清洁卫生，没有污染，省时省力，是家庭不可缺少的用具之一。

<ruby>早<rt>zǎo</rt></ruby><ruby>餐<rt>cān</rt></ruby>、<ruby>午<rt>wǔ</rt></ruby><ruby>餐<rt>cān</rt></ruby>、<ruby>晚<rt>wǎn</rt></ruby><ruby>餐<rt>cān</rt></ruby><ruby>有<rt>yǒu</rt></ruby><ruby>什<rt>shén</rt></ruby><ruby>么<rt>me</rt></ruby><ruby>区<rt>qū</rt></ruby><ruby>别<rt>bié</rt></ruby><ruby>呢<rt>ne</rt></ruby>？

<ruby>人<rt>rén</rt></ruby><ruby>体<rt>tǐ</rt></ruby><ruby>消<rt>xiāo</rt></ruby><ruby>耗<rt>hào</rt></ruby><ruby>的<rt>de</rt></ruby><ruby>能<rt>néng</rt></ruby><ruby>量<rt>liàng</rt></ruby><ruby>主<rt>zhǔ</rt></ruby><ruby>要<rt>yào</rt></ruby><ruby>靠<rt>kào</rt></ruby><ruby>一<rt>yí</rt></ruby><ruby>日<rt>rì</rt></ruby><ruby>三<rt>sān</rt></ruby><ruby>餐<rt>cān</rt></ruby><ruby>来<rt>lái</rt></ruby><ruby>补<rt>bǔ</rt></ruby><ruby>充<rt>chōng</rt></ruby>。<ruby>人<rt>rén</rt></ruby><ruby>们<rt>men</rt></ruby><ruby>常<rt>cháng</rt></ruby><ruby>说<rt>shuō</rt></ruby>，<ruby>早<rt>zǎo</rt></ruby><ruby>餐<rt>cān</rt></ruby><ruby>吃<rt>chī</rt></ruby><ruby>好<rt>hǎo</rt></ruby>，<ruby>午<rt>wǔ</rt></ruby><ruby>餐<rt>cān</rt></ruby><ruby>吃<rt>chī</rt></ruby><ruby>饱<rt>bǎo</rt></ruby>，<ruby>晚<rt>wǎn</rt></ruby><ruby>餐<rt>cān</rt></ruby><ruby>适<rt>shì</rt></ruby><ruby>量<rt>liàng</rt></ruby>。

为什么这么说呢？因为草率的早中餐、丰盛的晚餐使人患肥胖症的概率为67%，所以要想加强饮食营养，就需要遵循饮食规律，做到三餐有别。早餐应以低糖、低脂肪、高蛋白的食物为佳。午餐同样，因为午餐食用鸡或鱼等高蛋白食物可使血液中有充足的氨基酸、酪氨酸，酪氨酸可通过血脑屏障在大脑中转化为使头脑清醒的化学物质。

还有一个能通过血脑屏障的关键营养物质——胆碱，它存在于鱼、肉、蛋黄、大豆制品、燕麦片、米、花生和山

hé tao zhōng　　shì nǎo shén jīng dì zhì yǐ xiān dǎn jiǎn de huà xué qián
核桃中，是脑神经递质乙酰胆碱的化学前

tǐ　zài jì yì zhōng qǐ zhǔ yào zuò yòng　　wǎn cān yǐ gāo tàn
体，在记忆中起主要作用。晚餐以高碳

shuǐ huà hé wù wéi jiā
水化合物为佳。

WHY 你知道吗？

用餐时间要适宜

　　人的用餐时间是有讲究的，两餐间隔的时间要适宜，间隔时间太长会引起高度饥饿感；间隔时间太短会影响消化和人们的食欲。通常情况下，两餐的间隔时间以 4~5 小时为佳。

晚上睡觉前为什么不能吃零食？

睡觉前吃零食，会影响人体正常的饮食习惯，打乱胃肠消化活动的规律，引起消化不良。人进入睡眠状态后，人

体的部分器官，如胃肠、肝等活动节奏便开始放慢，进入休息状态。

如果临睡前吃东西，那么胃肠、肝等器官又

要忙碌起来，这不仅使它们无法得到充分的休息，也加重了其他器官的负担。而且大脑皮质主管消化系统的功能区也会兴奋，人在入睡后易做噩梦。如果睡觉前觉得饥饿，可少吃一些点心或水果（如香蕉、苹果等），但吃完之后不能立马睡觉，至少要等半小时后才能睡觉。

另外，人进入睡眠状态后，唾液分泌量比较少，起不到冲淡糖

分的作用。这样，残留在牙缝和牙面上的细菌就会依靠糖分生存，产生乳酸，形成蛀牙。而且零食中含有各种化学调

<ruby>味<rt>wèi</rt></ruby><ruby>料<rt>liào</rt></ruby>，<ruby>没<rt>méi</rt></ruby><ruby>有<rt>yǒu</rt></ruby><ruby>足<rt>zú</rt></ruby><ruby>够<rt>gòu</rt></ruby><ruby>的<rt>de</rt></ruby><ruby>营<rt>yíng</rt></ruby><ruby>养<rt>yǎng</rt></ruby>，<ruby>易<rt>yì</rt></ruby><ruby>造<rt>zào</rt></ruby><ruby>成<rt>chéng</rt></ruby><ruby>营<rt>yíng</rt></ruby><ruby>养<rt>yǎng</rt></ruby><ruby>不<rt>bù</rt></ruby><ruby>良<rt>liáng</rt></ruby><ruby>和<rt>hé</rt></ruby><ruby>其<rt>qí</rt></ruby><ruby>他<rt>tā</rt></ruby><ruby>疾<rt>jí</rt></ruby><ruby>病<rt>bìng</rt></ruby>。<ruby>所<rt>suǒ</rt></ruby><ruby>以<rt>yǐ</rt></ruby>，<ruby>小<rt>xiǎo</rt></ruby><ruby>朋<rt>péng</rt></ruby><ruby>友<rt>you</rt></ruby><ruby>晚<rt>wǎn</rt></ruby><ruby>上<rt>shang</rt></ruby><ruby>睡<rt>shuì</rt></ruby><ruby>觉<rt>jiào</rt></ruby><ruby>前<rt>qián</rt></ruby><ruby>千<rt>qiān</rt></ruby><ruby>万<rt>wàn</rt></ruby><ruby>不<rt>bù</rt></ruby><ruby>能<rt>néng</rt></ruby><ruby>吃<rt>chī</rt></ruby><ruby>零<rt>líng</rt></ruby><ruby>食<rt>shí</rt></ruby>。

WHY 你知道吗？

养成正确的饮食习惯

一日三餐要按时用餐，尤其是早餐，一定要重视。养成细嚼慢咽的习惯，这样既可以减轻胃肠道的负担，又有利于消化吸收。小朋友一定要少吃零食。

反复加热的水能喝吗？

饮水是我们生活中必不可少、至关重要的一件事情，正确饮水，才能保证人体生理机能正常运行。水是人体重要的组成成分，一般成年人体内水的含量占体重的60%~70%。

自来水里含有很多硝酸盐和铅、镉等重金属离子，如果被反复加热，水中的硝酸盐和

zhòng jīn shǔ lí zǐ de nóng dù huì
重金属离子的浓度会

yīn wèi shuǐ de bú duàn zhēng fā
因为水的不断蒸发

ér xiāng duì shēng gāo tóng
而相对升高。同

shí hái huì shǐ shuǐ zhōng
时，还会使水中

de xiāo suān yán zhuǎn biàn wéi yà
的硝酸盐转变为亚

xiāo suān yán ér yà xiāo suān yán
硝酸盐，而亚硝酸盐

huì ràng xuè yè zhōng de hóng xì bāo shī qù
会让血液中的红细胞失去

xié dài yǎng qì de gōng néng　　zào chéng zǔ zhī quē yǎng　　hū xī
携带氧气的功能，造成组织缺氧、呼吸

jí cù děng xiàn xiàng　　shí jiān cháng le hái kě néng huì dǎo zhì è
急促等现象，时间长了还可能会导致恶

xìng zhǒng liú
性肿瘤！

WHY 你知道吗？

喝水时我们应注意什么？

　　喝水要注意速度和量，不能喝太快、太多。喝得太快，会使血容量急剧增加，加重心脏负担；喝得太多，会使胃扩张，加重胃的负担。

饮料是怎么到嘴里的呢？

生活中，用吸管喝饮料很方便，嘴巴一吸，饮料就沿着吸管跑到嘴里来了。饮料怎么就到嘴里了呢？原来这是空气在帮忙。

哪里有空气，哪里就要受到空气的压力。当我们把吸管插入装饮料的瓶子或盒子里时，吸管外面的水和吸管里面的水都会受

到空气的压力，我们含着吸管一吸，吸管
里面的空气被我们吸掉了，吸管外面的空
气压力就会把饮料压进吸管。我们不停地
吸，饮料就不停地被吸到嘴里来。

　　可为什么吸管都是圆的呢？你可以
把吸管捏成方的试一试，这时你会发
现，用圆管子吸得快，用方管子吸得慢。

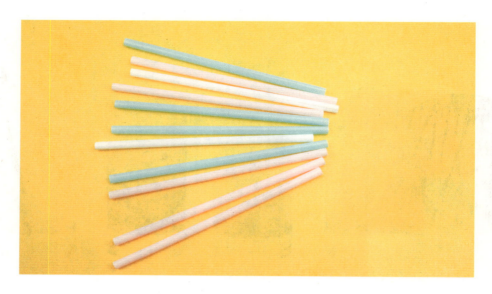

我们看到树干、树枝都是圆的，这是因为只有这样，养料和水分才传送得快，吸管做成圆的也是这个道理。

WHY 你知道吗？

吸管的选择

选择吸管时一定要注意，有些塑料吸管可能是采用劣质或者再生塑料生产的，通常会使用颜料来遮盖杂质。一旦使用它喝果汁或热饮，有害物质会随之溶解，从而对人体造成危害。

为什么味精可以提鲜？

蛋白质是制造人体细胞组织的基本材料，它是由20多种氨基酸组成的，谷氨酸便是其中一种。谷氨酸是一种普遍存在的氨基酸，它主要存在于富含蛋白质

de shí wù zhōng   xī hóng shì hé fā jiào huò shuǐ jiě de dàn bái zhì
的食物中。西红柿和发酵或水解的蛋白质

chǎn pǐn   rú jiàng yóu huò dòu jiàng   děng néng qǐ dào tiáo wèi zuò
产品（如酱油或豆酱）等能起到调味作

yòng   bù fen yuán yīn shì hán yǒu gǔ ān suān
用，部分原因是含有谷氨酸。

wèi jīng yòu chēng wèi sù   zhǔ yào chéng fèn shì gǔ ān suān
味精又称味素，主要成分是谷氨酸

nà   shì yì zhǒng wú sè wú wèi de jīng tǐ   zài
钠，是一种无色无味的晶体，在 232℃

shí jiě tǐ róng huà   gǔ ān suān zài shuǐ lǐ róng jiě dù xiǎo
时解体溶化。谷氨酸在水里溶解度小，

xiān wèi yě dī   ér gǔ ān suān nà de shuǐ róng xìng hěn hǎo
鲜味也低。而谷氨酸钠的水溶性很好，

shí zài   háo shēng shuǐ zhōng zuì duō kě yǐ róng jiě
20℃时，在 100 毫升水中最多可以溶解

74克。此外，谷氨酸钠能够刺激舌头的味觉细胞，当舌头触及谷氨酸钠时，舌头的味觉细胞受到刺激而兴奋，味感增强。我们每天吃的食盐用水冲淡400倍，便感觉不出咸味，但即使将谷氨酸钠溶液稀释2000倍，舌头还是能尝出它的"鲜"味来。

WHY 你知道吗？

味精是如何被发现的呢？

1908年的一天，日本化学家池田菊苗在家里享用妻子为其烹制的晚餐，饭后，池田念念不忘汤的鲜美，便将原汤进行了大量的分析，后来终于发现了引起鲜味的化学物质，这种物质就是谷氨酸，他把这种物质定为"味之素"。

吃水果应注意些什么？

chī shuǐ guǒ yě yǒu jiǎng jiu　　dǒng de chī shuǐ guǒ de xué
吃水果也有讲究，懂得吃水果的学

wen　　néng chī de yǒu zī wèi　　chī de jiàn kāng
问，能吃得有滋味，吃得健康。

tōng cháng lái shuō　　fàn hòu bù yí mǎ shàng chī shuǐ guǒ
通常来说，饭后不宜马上吃水果。

rén zài chī fàn shí　　shí wù rù wèi hòu huì fā shēng fēn
人在吃饭时，食物入胃后会发生分

jiě　　fēn jiě jiāng chí xù yì liǎng gè xiǎo shí　　jiā shàng yōu mén
解，分解将持续一两个小时，加上幽门

kǒu jìng jiào xiǎo　　rú guǒ fàn hòu lì jí chī shuǐ guǒ　　shuǐ guǒ jí
口径较小，如果饭后立即吃水果，水果极

yì bèi zhì liú zài wèi zhōng　　yīn fǔ làn ér xíng chéng zhàng qì
易被滞留在胃中，因腐烂而形成胀气，

jiǔ ér jiǔ zhī jiù huì dǎo zhì biàn mì　　yì bān lái shuō　　yí zài
久而久之就会导致便秘。一般来说，宜在

fàn hòu　　xiǎo shí huò fàn qián　　xiǎo shí chī shuǐ guǒ
饭后 2~3 小时或饭前 1 小时吃水果。

lìng wài　　xiàn dài yíng yǎng zhuān jiā tōng guò kē xué shí yàn
另外，现代营养专家通过科学实验

zhèng míng　　bù fen shuǐ guǒ bù néng kōng fù
证明，部分水果不能空腹

shí yòng　　rú shì zi　　hēi zǎo
食用，如柿子、黑枣、

xiāng jiāo　　jú zi　　shān zhā
香蕉、橘子、山楂、

lì zhī děng　　ruò jīng cháng kōng fù shí yòng zhè xiē shuǐ guǒ　　huì
荔枝等。若经常空腹食用这些水果，会
dǎo zhì wèi bìng de fā bìng lù shēng gāo huò jiā zhòng wèi bìng
导致胃病的发病率升高或加重胃病。

均衡营养

　　有人认为水果的营养完全可以替代其他食物，这种想法是不对的。水果中营养素的构成比较单一，需要用蔬菜和其他食物来均衡营养。平时多吃水果对摄取无机盐确有益处，但水果中缺乏铁、钙等成分，所以长期用水果做正餐，势必造成体内这些物质的缺乏，引起贫血。因此，不能用水果代替蔬菜，得结合蔬菜和其他食物来均衡营养。

为什么鸡蛋两头大小不一样？

鸡蛋从外表看是一个两端不平衡的椭圆形，那么鸡蛋的两端为什么是这样的形状呢？要想弄清这个问题，应该先了解鸡蛋是如何形成的。

首先来了解一下鸡蛋的形成过程。蛋黄形成于卵巢中。蛋黄成熟后就会脱

离卵巢，从输卵管的上端进入输卵管中，接着向下移动就会来到输卵管的膨大部。这里会分泌出大量的蛋白质，包裹在蛋黄的外面，从而形成厚厚的一层透明蛋白。过一段时间后，它就会因为挤压的原因从膨大部进入狭部，并在此形成壳膜。再经过1个多小时后，它又会进入子宫（壁厚，有发达的肌肉结构），在这里形成蛋壳，到了这里，鸡蛋就完全成型了。鸡蛋在成型过程中要在子宫里停留18~20小时，而后因为子宫肌肉的收缩，经过泄殖腔就会排出体外。

以上这个过程让我们明白了，由于

鸡蛋在形成过程中受到上端输卵管逐段挤压，卵向前（向输卵管的下端）移动的机械作用就会使鸡蛋一头大一头小了。被挤压的一端，蛋白和壳膜就会被挤开，因而扩大，在壳形成后，大的一头就固定下来了。与大头对着的一端正是输卵管的下端，因为它向前挤着输卵管，使输卵管张开，从而有利于向子宫移动，所以这一端在移动的过程中，因为受到了输卵管挤压的力就成了小的一端。

WHY 你知道吗？

鸡蛋生吃科学吗？

实验研究表明鸡蛋生吃是不科学的。鸡的体内含有一种叫沙门氏菌的细菌，这种细菌能使人呕吐、腹泻、头痛。生鸡蛋中可能含有这种细菌，生吃鸡蛋会将其中的细菌带入人体，引起疾病。

生豆浆可以喝吗？

不论是婴儿、老人，还是青壮年，多喝豆浆对身体都大有好处。但是喝豆浆中毒的事情也时有发生，那是因为豆浆没有煮熟。

生豆浆中有两种有害物质，一种是胰蛋白酶抑制素，也叫抗胰蛋白酶；还有一种叫皂素。胰蛋白酶抑制素能够抑制胰蛋白酶消化分解蛋白质的活性，使蛋白

质不能被消化吸收。同时，胰蛋白酶抑制素对胃肠有刺激作用。因此，当这种有害物质进入体内30分钟左右，人就会出现喉部发痒、恶心、呕吐、腹胀、腹痛、腹泻等症状。皂素能

破坏红细胞，有溶血作用，使血液输送氧气的功能降低，使病人出现头晕无力、呼吸麻痹等症状。

豆浆中的这两种有害物质都不耐高温，当温度达到100℃时，其10分钟即可被破坏而失去毒性。因此，只要把豆浆彻底煮沸10分钟，再饮用就不会中毒了。

WHY? 你知道吗？

豆浆的功效

豆浆中含有丰富的植物蛋白和磷脂，以及维生素 B_1、维生素 B_2 和铁、钙等矿物质，非常适合各种人群饮用。

含铁的食物对人体有什么好处？

铁是人体必需的微量元素，也是人体造血的主要物质，虽然在人体中含量较少，但是生理作用很大。人体缺少铁就会影响血液中血红蛋白的形成，这样会直接影响到红细胞的数量。

而红细胞是负责把氧传输到身体各部分的，如果缺少

红细胞，血的带氧能力就会降低，这会对身体健康产生严重影响。另外，红细胞一旦缺失，就会使人患缺铁性贫血，贫血会导致面黄肌瘦、精神不振、记忆力减退等。

哪些食物中含有丰富的铁元素呢？

瘦肉、猪肝、蛋黄、豆制品和绿叶蔬菜等含铁量高，因此平常应注意多吃一些含

铁量丰富的食物，
这样才可以更好
地预防缺铁性贫
血，有益于身体
健康。

WHY 你知道吗？

微量元素

　　微量元素是指锌、铁、碘、硒等矿物质，它们在人体中起着重要的作用，是人体健康的"保护神"，缺少了它们，人体的健康就会受到威胁。

胡萝卜对身体有什么好处？

胡萝卜原产于亚洲的西南部，约在13世纪传入中国。胡萝卜富含纤维素，它可以增加胃肠道的蠕动，促进消化。它含有的挥发油不仅有芳香气味，还能杀死某些细菌，增强消化功能。胡萝卜

里含有相当丰富的蛋白质、脂肪以及碳水化合物、钙、磷与抗坏血酸等，它的胡萝卜素含量尤为丰富。

　　胡萝卜素对人体有许多好处，它在人体小肠中酶的作用下，可以转变为维生素A，能防治呼吸道感染，增强人体对某些病菌的抵抗力，尤其是在咳嗽痰多的时候，更应该多吃胡萝卜来帮助治疗。胡萝卜中的β－胡萝卜素含量最高，是普通果蔬的30~100倍。胡萝卜素具有抗氧化作用，并能保护上皮细胞结构及其功能的完整性，有助于维

chí pí fū xì bāo zǔ zhī de zhèng cháng jī néng jiǎn shǎo pí fū
持 皮 肤 细 胞 组 织 的 正 常 机 能 ， 减 少 皮 肤
zhòu wén bǎo chí pí fū rùn zé xì nèn yīn cǐ duō chī hú
皱 纹 ， 保 持 皮 肤 润 泽 细 嫩 。 因 此 ， 多 吃 胡
luó bo duì shēn tǐ hěn yǒu hǎo chù
萝 卜 对 身 体 很 有 好 处 。

WHY 你知道吗?

胡萝卜注意事项

　　胡萝卜为寒凉蔬菜，阴盛偏寒体质者、脾胃虚寒者不宜多食。胡萝卜不宜做下酒菜，因为胡萝卜含有丰富的胡萝卜素，如果胡萝卜素和酒精一同进入人体，就会在肝脏中产生毒素，容易引起肝病。

哪些水果不能空腹吃？

现代营养专家通过科学实验证明，以下水果不能空腹食用。

西红柿：含有大量柿胶酚、果胶、可溶性收敛剂等成分，易与胃酸发生化学作用，产生难以溶解的块状物，增加胃的压力，造成胃扩张，使人感到胃胀、胃痛。

柿子：含有果胶、鞣酸、柿胶酚等

物质，易和胃酸反应，导致胃柿石症。

香蕉：含有大量的镁元素，空腹食用会导致血液中的镁含量骤然升高，使人体血液中镁和钙的比例失调，从而对心血管产生抑制作用。

橘子：含有大量糖分和有机酸，空腹食用会对胃黏膜产生刺激作用，增加胃酸，使脾胃泛酸。

荔枝：空腹大量食用，会使人因体内突然摄入过量糖分而发生高渗性昏迷。

山楂：具有行气消食的作用，但如果空腹食用，会增加饥饿感并加重胃病。

菠萝：菠萝中含有较多的蛋白分解酵素，如果空腹食用会造成胃壁受伤。

吃水果小提示

吃水果前要把水果洗干净。因为水果表皮往往有农药残余物，若是不把水果冲洗干净，容易造成农药中毒。

核桃的外壳会影响种子发芽吗？

核桃，产于我国黄河流域及以南地区，又称胡桃，与杏仁、腰果、榛子并称为世界著名的四大干果。核桃既能生吃、炒食，也可以榨油、配制糕点、制作糖果等。核桃不仅味美，而且还有极高的营养价值，其根、茎、叶、果实都各有用途，可以说"全身是宝"。核桃树是中国经济树种

中分布最广的树种之一。核桃的外壳那
么硬，它的种子是怎么发芽的呢？你知
道吗，事实上，这个硬壳对核桃种子来
说是非常有好处的。我们知道，种子作
为新植物的雏
形，就像小孩
子一样，是十
分娇嫩的，它
们还不具备抵

抗各种灾难的能力。而种子有了这层坚硬的外壳，就像小孩子得到妈妈的保护一样，可以随心所欲地到处去玩耍。

另外，种子的外衣还可以很好地防止种子内的水分过多流失，这样种子就能够顺利地发芽了。也就是说，种子坚硬的外衣能够减少种子与外界的气体交换，这样就能够让种子的呼吸作用降到最低程度，以免因呼吸作用旺盛而使过多的养分被消耗掉，这样一来，种子的生命力就能更顽强了。

jiǎ rú shì zhè yàng de huà　　nà me huì bú huì yǐng xiǎng

假如是这样的话，那么会不会影响

zhǒng zi de fā yá ne　 dá àn shì fǒu dìng de　 zhè shì yóu yú

种子的发芽呢？答案是否定的，这是由于

zhǒng zi zài qì hòu shì yí de wài jiè tiáo jiàn xià kě yǐ xī shuǐ péng

种子在气候适宜的外界条件下可以吸水膨

zhàng　 tā de yòu yá néng píng zhe qí shēngzhǎng lì qīng yì de chōng pò

胀，它的幼芽能凭着其生长力轻易地冲破

jiān yìng de wài yī　　 yì zhū xīn de zhí wù yě jiù dàn shēng le

坚硬的外衣，一株新的植物也就诞生了。

核桃的价值

　　核桃具有极高的药用价值，被中医界广泛应用。中医认为核桃性温、味甘、无毒，有健胃、补血、润肺、养神等功效。

醋泡过的鸡蛋为什么能够弹起来？

有人做过实验，用白醋把鸡蛋浸泡一段时间后，鸡蛋竟然能弹起来，这是为什么呢？原来在醋里浸泡过的鸡蛋和之前的鸡蛋已经不一样了。

鸡蛋壳的主要成分是碳酸钙，当鸡蛋浸泡在醋里后，蛋壳的表面会起泡，过一段时间后蛋壳会消失，而它的一部分

可能会漂浮在醋上。但是
消失的只是鸡蛋的蛋
壳，而裹着鸡蛋的
那层膜并没有在醋
中溶解，所以鸡蛋内
部还能保持完整。同时，鸡蛋的那层薄膜
和内部组织变得更紧密，且变得更加有
弹性。

　　而且，这时的鸡蛋看着也比原来大
了，这是渗透作用的结果。

　　醋中的水进入了鸡蛋内，水在鸡蛋内
比在醋中能溶解更多
的物质，而水总是朝
能溶解更多物质的方
向运动。这个实验适

用生鸡蛋和熟鸡蛋，而且煮熟的鸡蛋更精致、更有弹性，而没有煮过的鸡蛋看起来则是黏糊糊的，犹如一个装了水的气球。

WHY? 你知道吗？

如何辨别真假鸡蛋？

真假鸡蛋在蛋壳的颜色上是不同的，假鸡蛋蛋壳的颜色比真鸡蛋的外壳亮一些，不过并不明显；用鼻子仔细地闻，真鸡蛋会有隐隐的腥味，假的没有，且假鸡蛋蛋壳摸起来会粗糙一些。

食物中毒是怎么回事？

食物中毒是因食用被细菌污染或含有毒素的食物引发的急性疾病。生活中常见的食物中毒有细菌性食物中毒、动植物性食物中毒和真菌性食物中毒。

细菌性食物中毒基本上发生在夏秋季，因食物未烧熟或放置时间太长，或操作时不注意卫生，被细菌或其毒素污染而导致。动植物性食物中毒多数由误食本身含有毒素的食物，或由烹调处理

不当引起，如土豆中毒。真菌性食物中毒是由于食入霉变食品引起的中毒，主要是谷物、油料或植物储存过程中生霉，没有经过适当的处理就做成食物，或是在制作发酵食品时被有毒真菌污染或误用有毒真菌株而引起中毒。常见的真菌有曲霉菌、青霉菌、镰刀霉菌、黑斑病菌等。

 WHY 你知道吗

土豆中毒

　　土豆中含有一种名叫龙葵碱的毒素，一般成熟土豆中的龙葵碱含量很少，不会引起中毒。但是，皮肉青紫发绿不成熟或发芽的土豆中毒素含量高，吃了极易引起中毒，从而引发咽喉发痒、胸口发热疼痛、恶心、呕吐、腹痛、腹泻等症状。

夏天人为什么会中暑？

在炎热的三伏天，人们若是在烈日下劳动或是进行体育比赛，往往会有人突然昏倒、不省人事，严重的还会出现发烧、抽筋等症状，这就是中暑了。

中暑的发生看起来比较突然，却是逐步形成的。

因为人体每时每刻都在通过出汗向外散热，劳动和运动时出汗多，

sàn fā de rè liàng yě duō zài tōng
散发的热量也多。在通

cháng qíng kuàng xià dà qì de wēn
常情况下，大气的温

dù dī yú rén tǐ de wēn dù
度低于人体的温度，

rén tǐ de rè liàng jiù néng sàn fā
人体的热量就能散发

dào dà qì zhōng qù yào shi zài
到大气中去。要是在

kù rè de yáng guāng xià qì
酷热的阳光下，气

wēn hěn gāo rén tǐ nèi bù de
温很高，人体内部的

rè liàng jiù sàn fā bù
热量就散发不
chū qù le dà liàng
出去了。大量
de rè liàng jī jù zài
的热量积聚在
tǐ nèi jiù xíng chéng le zhòng
体内，就形成了中
shǔ de tiáo jiàn zài jiā shàng chū hàn
暑的条件，再加上出汗
guò duō tǐ nèi de shuǐ fèn hé yán fèn xiāo hào guò duō jiù huì
过多，体内的水分和盐分消耗过多，就会
yǐn qǐ zhòng shǔ
引起中暑。

预防中暑

　　长时间在阳光下活动要戴帽子，以防被阳光直射头部，而且要穿易反光及散热的浅色衣裤。夏天一定要及时补充水分，千万不要等口渴时才喝水。

溺水应该怎么办？

溺水是指因水被吸入肺内，引起人体缺氧而窒息的危急症状。在落水时，除了等待他人救援，也可进行自救，但应注意如下事项：

第一，保持镇静，不要拼命挣扎，否则身体就会在水中失去平衡，迅速下沉。第二，除呼救外，落水后应

lì jí bǐng zhù hū xī，tī diào xié zi，fàng sōng sì zhī。dāng
立即屏住呼吸，踢掉鞋子，放松四肢。当

gǎn jué kāi shǐ shàng fú shí，jǐn kě néng de bǎo chí yǎng wèi，
感觉开始上浮时，尽可能地保持仰位，

shǐ bí kǒng lù chū shuǐ miàn jìn xíng hū xī。hū xī shí jǐn liàng
使鼻孔露出水面进行呼吸。呼吸时尽量

yòng zuǐ xī qì、yòng bí hū qì，yǐ fáng qiāng shuǐ，tóng shí
用嘴吸气、用鼻呼气，以防呛水，同时

hū qì yào qiǎn，xī qì yào shēn。dì sān，bú yào shì tú jiāng
呼气要浅，吸气要深。第三，不要试图将

zhěng gè tóu bù shēn chū shuǐ miàn，yīn wèi zhè duì yú bú huì yóu
整个头部伸出水面，因为这对于不会游

yǒng de rén lái shuō bìng méi yǒu hǎo chù，ér qiě hái huì shǐ luò shuǐ
泳的人来说并没有好处，而且还会使落水

zhě gèng jiā jǐn zhāng hé bèi dòng。dì sì，bù kě jīng huāng shī
者更加紧张和被动。第四，不可惊慌失

cuò de zhuā bào jiù zhù zhě de shǒu tuǐ yāo děng bù wèi
措地抓、抱救助者的手、腿、腰等部位，

yí dìng yào tīng cóng jiù zhù zhě de zhǐ huī ràng tā dài zhe nǐ yóu
一定要听从救助者的指挥，让他带着你游

xiàng àn biān
向岸边。

WHY? 你知道吗？

人工呼吸

人工呼吸指按照呼吸运动的原理，用外力让病人的胸廓有节律地扩大和缩小，从而使肺被动地舒张和收缩，来帮助病人恢复呼吸。人工呼吸可采用多种方法，其中口对口吹气法最实用、最有效，也最简易。

什么是流行性感冒？

流行性感冒即人们通常说的流感，是一种由流感病毒引发的传染性很强的急性传染病，其传播速度快，流行面广。

流感的传染源是流感病人。流感病毒存在于病人的鼻涕、唾液、痰液等分泌物中，急性期流感患者发病的前两三天传染性最强，在整个患病期都具传染

性。流感的传播途径以空气传播为主。病人的口、鼻分泌物以飞沫的形式散播到空气中，健康人吸入这种带病毒的空气就有可能患上流感。另外，用病人使用过的餐具也会受到传染。在自身身

<ruby>体<rt>tǐ</rt></ruby> <ruby>缺<rt>quē</rt></ruby> <ruby>乏<rt>fá</rt></ruby> <ruby>锻<rt>duàn</rt></ruby> <ruby>炼<rt>liàn</rt></ruby>、<ruby>营<rt>yíng</rt></ruby> <ruby>养<rt>yǎng</rt></ruby> <ruby>不<rt>bù</rt></ruby> <ruby>良<rt>liáng</rt></ruby> <ruby>或<rt>huò</rt></ruby> <ruby>过<rt>guò</rt></ruby> <ruby>于<rt>yú</rt></ruby> <ruby>疲<rt>pí</rt></ruby> <ruby>劳<rt>láo</rt></ruby> <ruby>时<rt>shí</rt></ruby>，<ruby>也<rt>yě</rt></ruby>
<ruby>会<rt>huì</rt></ruby> <ruby>因<rt>yīn</rt></ruby> <ruby>抵<rt>dǐ</rt></ruby> <ruby>抗<rt>kàng</rt></ruby> <ruby>力<rt>lì</rt></ruby> <ruby>下<rt>xià</rt></ruby> <ruby>降<rt>jiàng</rt></ruby> <ruby>而<rt>ér</rt></ruby> <ruby>发<rt>fā</rt></ruby> <ruby>病<rt>bìng</rt></ruby>。

预防流感的措施

预防流感可采取以下几个措施：一要讲究环境卫生，定时开窗通风，保持室内空气清新；二要注意个人卫生，接触流感病人时要戴上口罩，接触后要洗手；三是在流感流行期间，体质较弱的人可服预防药。如果家里有人患呼吸道疾病，要及时消毒、隔离。

为什么生病了要吃药？
wèi shén me shēng bìng le yào chī yào

生活中，我们难免会生病，而导致人生病的罪魁祸首就是病菌。所以，生病时，我们一定要及时吃药，不吃药病菌就会持续蔓延，加重病症。这是为什

么呢？

因为药里含有杀死病菌的化学物质，吃到肚子里后会被肠胃吸收，送进血液，由血液送往全身各处，将病菌杀死，病就会好起来。另外，吃过药后，我们要多喝水，这样可以使药物很快被溶解吸收，送到血液里，与病原体（如细菌、病菌、寄生虫、霉菌等）做斗争。多喝水也可将新陈代谢所产生的毒素较快地通过尿液排出体外，促使病体早日康复。所以，小朋友们一旦生病后，

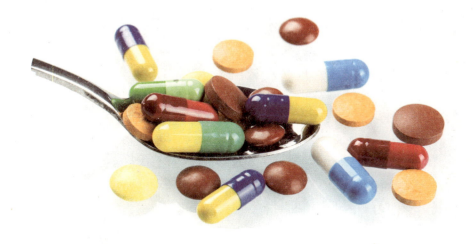

一定要听医生的话，好好吃药，尽早恢
复健康，才能愉快地投入生活和学习
中去。

吃药的注意事项

吃药要遵守时间，这是医生根据药物在我们体内消化吸收到起作用所需的时间而定的。吃早了，前面药物作用未完，吃晚了，前面药物已过时不能接续，效果都不好。而且饭前吃还是饭后吃，也要遵照医嘱，不可自己随意乱吃。

煤气中毒有哪些应对措施呢？

煤气是由甲烷、氢气、一氧化碳等组成的一种混合气体。其中一氧化碳无色无臭，为有毒气体。所谓煤气中毒，其实就是一氧化碳中毒。

发现煤气中毒后，要马上开窗通风，并把

病人移动到温暖、通风良好的房间内或户外，使病人快速吸进新鲜空气。能饮水的

人可让其喝热的糖茶水。若患者呼吸困难或停止呼吸，要马上进行人工呼吸。若患者心脏已经停跳，要同时做胸外心脏按压，并立即请医生急救，护送入医。

此外，在日常生活中，我们还要做好预防措施。例如，用煤炉取暖时，室内通风要良好，煤炉要有烟筒，并随

时检查以保证其通
畅和不漏气。
门窗上要安
装风斗，或者
在室内安装一
氧化碳检测器，
以预防煤气过浓而
中毒。

WHY 你知道吗？

液化气的由来

　　煤气（液化石油气）是石油在提炼汽油、煤油、柴油等过程中剩下的一种石油尾气。通过一定程序，对这种石油尾气加以回收利用，并通过加压使其变成液体，装在专门的存储容器内，液化气的名称即由此而来。

不小心烫伤皮肤该怎么办？

生活中不小心被开水、热汤、热油、蒸汽等烫伤，时有发生。一旦被烫，轻者出现皮肤潮红、疼痛，重者皮肤起水泡、表皮脱落。烫伤发生后，及早、妥善的急救是非常必要的，这样一来就能够使伤势不再加重。处理方式具体如下：

第一，如果被高温水或油烫伤，应当立即将烫伤部位浸入冷水中，或者用

冷水冲洗烫伤部位，这样做的目的是避免高温热源继续损伤皮肤。

第二，假如被烫伤的部位面积不大而且程度轻微的，在早期未形成水泡但是有红热刺痛感时，涂抹菜油、豆油、清凉油等或用消毒的凡士林纱布敷盖，这样做的目的是为了消肿、止痛；对于已经出现水泡的，应当先用75%浓度的酒精擦拭周围皮肤，创面用生理盐水或肥皂水

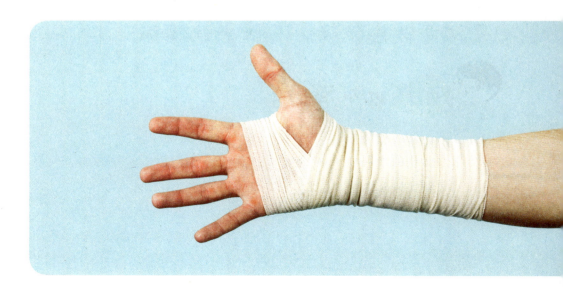

冲洗干净，这样做的目的是为了保证在无菌的条件下，将泡内液体抽出，创面用三磺软膏、四环素软膏、烫伤膏或消毒凡士林纱布加压包扎。如果烫伤程度已经达到二度，就应注意预防感染，并用止痛片减轻疼痛。

第三，严重烫伤时，创面不要涂药，用消毒的敷料或干净被单等进行简单包扎，防止创面被污染。在寒冷的季节要注意身体保暖，尽快去往医院。

WHY 你知道吗

烫伤的级别

烫伤的级别可分为三度：一度烫伤、二度烫伤和三度烫伤。一度烫伤只损伤皮肤表层，局部出现轻度红肿，无水泡，热痛明显；二度烫伤损伤真皮，除了局部红肿疼痛，还会出现水泡；三度烫伤损伤皮下，脂肪、肌肉和骨骼均有损伤，并呈灰色或红褐色。

发生火灾时该怎么办？

在生活或生产过程中，在时间或空间上失去控制的燃烧所造成的灾害，称为火灾。发生火灾时有哪些自救措施呢？

_{tū yù huǒ zāi} _{yīng bǎo chí zhèn jìng} _{bìng jí shí bō dǎ}
突遇火灾，应保持镇静，并及时拨打

_{xiāo fáng bào jǐng diàn huà} _{táo shēng shí yào fáng zhǐ yīn}
"119"消防报警电话。逃生时要防止因

_{yān wù zhòng dú ér zhì xī} _{kě cǎi yòng máo jīn} _{kǒu zhào méng}
烟雾中毒而窒息，可采用毛巾、口罩蒙

_{bí} _{pú fú chè lí de bàn fǎ} _{ruò bèi yān huǒ wéi kùn ér zàn}
鼻，匍匐撤离的办法。若被烟火围困而暂

_{shí wú fǎ táo lí} _{yīng jǐn liàng dāi zài yáng tái} _{chuāng kǒu děng yì}
时无法逃离，应尽量待在阳台、窗口等易

_{bèi rén fā xiàn de dì fang} _{dāng huǒ shì shàng wèi màn yán dào fáng}
被人发现的地方。当火势尚未蔓延到房

_{jiān nèi shí} _{jǐn bì mén chuāng} _{yòng shī máo jīn dǔ sè kǒng xì}
间内时，紧闭门窗、用湿毛巾堵塞孔隙，

防止烟火蹿入。若发现门、墙发热，说明大火逼近，这时千万不要开窗、开门，可以用浸湿的棉被等封堵，并不断浇水，同时用湿毛巾捂住嘴、鼻。如果从楼梯脱险已受阻，可利用墙外排水管下滑，或用绳子，顺绳而下。居住在二、三楼等低

lóu céng de rén kě jiāng mián bèi   chuáng diàn děng rēng dào chuāng wài
楼 层 的 人 可 将 棉 被 、 床 垫 等 扔 到 窗 外 ，

rán hòu tiào dào zhè xiē diàn zi shàng
然 后 跳 到 这 些 垫 子 上 。

WHY 你知道吗？

起火原因

　　火灾是人类社会的主要灾害之一，引起火灾的原因有许多，如由人为或自然因素所导致的森林火灾，由人为引起的油库火灾，工厂各种可燃物品管理不当，生活用火或用电不当，雷击，烟花爆竹管理不当或燃烧不全，交通事故引起油箱燃烧等。

为什么折叠自行车倍受青睐？

在今天这样一个堵车严重的时代，自行车以其机动灵活的特点得到越来越多的人喜爱，很多低碳生活的倡导者更是对自行车宠爱有加，特别是折叠自行车。

折叠自行车可以利用自行车升降手闸使整车轴心向上提升，折叠成超小体积的轴心型便携折叠车。整车折叠

后可以放进箱包中，便于携带。在郊游时，既可以享受汽车的便利，又可以享受大自然的乐趣。折叠自行车构思新颖，结构简单合理，能轻松折叠和展开，使用方便舒适。它还可以上公交车、上电梯、坐地铁、上下楼等，而且重量要比一般的自行车轻，尤其适合上班族的人们使用。

目前，折叠自行车生产工艺已经相

dāng chéng shú　　jiǎn yuē shí shàng de zhé dié zì xíng chē bèi shòu nián
当 成 熟， 简 约 时 尚 的 折 叠 自 行 车 备 受 年

qīng rén de qīng lài　　shì chǎng qián jǐng fēi cháng guǎng kuò　　shì shāng
轻 人 的 青 睐， 市 场 前 景 非 常 广 阔， 是 商

jiā fēi cháng kàn hǎo de shāng pǐn
家 非 常 看 好 的 商 品。

WHY 你知道吗？

自行车之父

　　1790 年，法国人西夫拉克伯爵制造了一辆木制两轮车，用脚蹬地前进。英国人罗松在 1874 年给自行车装上链条和链轮，但是前轮大、后轮小。英国人斯塔利又为自行车装上前叉和车闸，前、后车轮大小相等，首次使用橡胶车轮，他被称为"自行车之父"。

汽车轮胎上为什么会有许多花纹？

生活中，绝大多数车辆，例如大卡车、小汽车、公共汽车、三轮车、自行车等，使用的均为橡胶轮胎。有意思的是，这些车的轮胎并非光滑的，而是有

许多凹凸不平的花纹。而且，不同类型的轮胎，其花纹的形状、宽窄也各不相同。为什么轮胎会有许多

^{āo tū bù píng de huā wén ne} ^{nán dào shì wèi le hǎo kàn ma}
凹凸不平的花纹呢？难道是为了好看吗？

^{qí shí bìng bú shì wèi le hǎo kàn}
其实并不是为了好看。

^{dà jiā dōu zhī dào} ^{wǒ men de xié dǐ shàng jī hū dōu}
大家都知道，我们的鞋底上几乎都

^{yǒu gè zhǒng gè yàng de huā wén} ^{xié dǐ shàng wèi shén me yào yǒu}
有各种各样的花纹。鞋底上为什么要有

^{huā wén ne} ^{zhè shì yīn wèi rén zǒu lù shí} ^{yì zhī jiǎo cháo qián}
花纹呢？这是因为人走路时，一只脚朝前

^{mài} ^{lìng yì zhī jiǎo wǎng hòu dēng} ^{kào zhe jiǎo hé dì miàn de}
迈，另一只脚往后蹬，靠着脚和地面的

^{mó cā} ^{rén cái néng jǔ bù qián xíng} ^{xié dǐ de huā wén jiù shì}
摩擦，人才能举步前行。鞋底的花纹就是

^{wèi le zēng dà jiǎo hé dì miàn de mó cā} ^{qì chē lún tāi shàng}
为了增大脚和地面的摩擦。汽车轮胎上

^{de huā wén hé xié zi shàng de huā wén yuán lǐ shì yí yàng de}
的花纹和鞋子上的花纹原理是一样的。

<ruby>车<rt>chē</rt></ruby><ruby>辆<rt>liàng</rt></ruby><ruby>轮<rt>lún</rt></ruby><ruby>胎<rt>tāi</rt></ruby><ruby>上<rt>shàng</rt></ruby><ruby>有<rt>yǒu</rt></ruby><ruby>不<rt>bù</rt></ruby><ruby>同<rt>tóng</rt></ruby><ruby>的<rt>de</rt></ruby><ruby>花<rt>huā</rt></ruby><ruby>纹<rt>wén</rt></ruby>，<ruby>也<rt>yě</rt></ruby><ruby>是<rt>shì</rt></ruby><ruby>为<rt>wèi</rt></ruby><ruby>了<rt>le</rt></ruby><ruby>加<rt>jiā</rt></ruby><ruby>大<rt>dà</rt></ruby><ruby>车<rt>chē</rt></ruby><ruby>轮<rt>lún</rt></ruby><ruby>与<rt>yǔ</rt></ruby><ruby>地<rt>dì</rt></ruby><ruby>面<rt>miàn</rt></ruby><ruby>之<rt>zhī</rt></ruby><ruby>间<rt>jiān</rt></ruby><ruby>的<rt>de</rt></ruby><ruby>摩<rt>mó</rt></ruby><ruby>擦<rt>cā</rt></ruby><ruby>力<rt>lì</rt></ruby>，<ruby>防<rt>fáng</rt></ruby><ruby>止<rt>zhǐ</rt></ruby><ruby>车<rt>chē</rt></ruby><ruby>轮<rt>lún</rt></ruby><ruby>在<rt>zài</rt></ruby><ruby>路<rt>lù</rt></ruby><ruby>面<rt>miàn</rt></ruby><ruby>上<rt>shàng</rt></ruby><ruby>打<rt>dǎ</rt></ruby><ruby>滑<rt>huá</rt></ruby>。

WHY? 你知道吗？

轮胎花纹的发展

在轮胎上设置花纹，起始于 1892 年前后。开始时，轮胎花纹非常简单，仅是些直线型的楞花。以后，随着车辆载重量和行驶速度的日益提高，以及路面的改进，轮胎上的花纹才逐渐多样、复杂起来。

汽车上的安全带有多重要？

如今，几乎所有的小汽车上都配备了安全带。乘坐出租车时我们会发现，出租车驾驶员总是自觉地系好安全带并提醒乘客也要系好安全带，出租车前排位子上更是有"请系好安全带"的提示。

那么安全带到底有多重要呢？

公路条件随着交通业的不断发

zhǎn rì yì dé dào gǎi shàn
展日益得到改善，

rú cǐ yì lái jiāo tōng ān
如此一来，交通安

quán jiù biàn de yóu wéi zhòng yào
全就变得尤为重要

le gāo sù xíng shǐ de qì chē
了。高速行驶的汽车，

zài jǐn jí shā chē huò jí zhuǎn wān shí zài guàn xìng de zuò yòng
在紧急刹车或急转弯时，在惯性的作用

xià chē lǐ de rén huì bù yóu zì zhǔ de qián qīng huò zuǒ yòu
下，车里的人会不由自主地前倾或左右

qīng xié zhè shí ān quán dài de dà yòng tú jiù fā huī chū
倾斜。这时，安全带的大用途就发挥出

lái le
来了。

安全带能化解惯性力，吸收撞击能量，减轻驾驶员的受伤程度。当汽车紧急刹车时，安全带会自动收紧，将人体固定在座椅上，防止人体因惯性造成二次碰撞，最大限度地避免二次伤害。因此，我们乘车时一定要系好安全带！

WHY 你知道吗？

方向盘

　　汽车里的这个小轮子叫方向盘。方向盘可是汽车的重要组成部分，它能控制汽车的行驶方向。如果没有方向盘，汽车就不能正常行驶。在行驶中，如果方向盘失去控制，汽车就不能转弯，甚至有可能造成交通事故。

车轮为什么是圆的？

车轮是人类在搬运东西的劳动实践中逐渐发明的。但是，从古至今，无论车怎样变化，车轮总是圆的，这是为什么呢？简单来说，车轮是圆的容易滚动。但这只是一种表面现象。假设车轮是长方形、正方形、三角形等图形，车

轮转动起来车子高低不平，从轮轴到轮子中心的距离都不一样，车子高一下低一下，那样车

子走起来颠颠撞撞，人坐在上边肯定不舒服。

而如果车轮是圆的，并把车轴装在车轮的正中心（也就是圆的圆心），车轮转起来时，车轴到地面的距离一直保持不变，那么车子行走起来就不会有太大的颠簸，人坐在上边也会舒服很多。

当然车轮做成圆的，还有其他原因，例如：当一样东西在地上滚动时，要比在

地面上拖着走省力得多，这是因为滚动摩擦力比滑动摩擦力小。总而言之，圆形车轮不仅可以减小与地面的摩擦力，还可以提高汽车的工作效率。同时，在制作圆形的车轮时，更有利于节省材料。所以，车轮做成圆的是必然结果。

古老的发明

通常轮子被视为人类最古老、最重要的发明，以至于有人经常把它和火的使用相提并论。实际上，人类使用火的历史超过150万年，而使用轮子的历史只有6000多年。

火车是怎样转弯的？

火车的轮子不同于其他车轮，它最外面的一圈叫"轮箍"，是用一种特殊钢材制成的。轮箍上有一圈高出的部分叫作"轮缘"，它始终都是嵌在两条平

xíng gāng guǐ nèi cè de
行 钢 轨 内 侧 的 。

dāng huǒ chē shǐ dào wān dào shí　　wān dào de wài cè chē
当 火 车 驶 到 弯 道 时 ， 弯 道 的 外 侧 车

lún de lún gū yóu yú guàn xìng jǐn tiē gāng guǐ　　cǐ shí　　lún yuán
轮 的 轮 箍 由 于 惯 性 紧 贴 钢 轨 ， 此 时 ， 轮 缘

bèi wài cè de gāng guǐ jǐ yǔ le yì zhǒng cè yā lì　　jí xiàng
被 外 侧 的 钢 轨 给 予 了 一 种 侧 压 力 ， 即 向

xīn lì　　zhè yàng jiù shǐ chē lún yán zhe gāng guǐ zǒu　　ér qiě
心 力 ， 这 样 就 使 车 轮 沿 着 钢 轨 走 。 而 且 ，

huǒ chē chē lún de lún gū yǔ gāng guǐ de jiē chù miàn shàng yǒu yí
火 车 车 轮 的 轮 箍 与 钢 轨 的 接 触 面 上 有 一

gè xié dù　　zhèng shì zhè ge xié dù cái bāng zhù huǒ chē zài jìn rù
个 斜 度 ， 正 是 这 个 斜 度 才 帮 助 火 车 在 进 入

wān dào shí， tóng yì lún
弯道时，同一轮
zi shàng de bù tóng bù fen
子上的不同部分
tóng shí zǒu guò wān dào nèi
同时走过弯道内
wài liǎng cè de gāng guǐ，
外两侧的钢轨，

suǒ yǐ jiù shǐ tóng yì chē zhóu shàng de liǎng gè chē lún shùn lì tōng
所以就使同一车轴上的两个车轮顺利通
guò le wān dào。 chú cǐ zhī wài， yào bǎo zhèng huǒ chē shùn lì
过了弯道。 除此之外，要保证火车顺利
de zhuǎn wān， hái yào yǒu jiā kuān guǐ jù、 wài guǐ chāo gāo děng
地转弯，还要有加宽轨距、外轨超高等
yì xiē jì shù shàng de bǎo zhàng。
一些技术上的保障。

火车的发明

　　世界上第一辆蒸汽机火车是由乔治·斯蒂芬孙于1814年发明的，由于要不断加木料和燃料，所以人们称其为火车。1840年，真正可以在轨上行驶的蒸汽火车，由康瓦耳的工程师查理·特里维西克设计出来。

上飞机前手机为什么要关机？

通常，我们坐飞机时，都会听到这样的提醒："各位旅客请注意，飞机即将起飞，请关闭手机，系好安全带。"为什么在飞机上手机要关机呢？科学证据显

示，在飞机上使用手机，确实有潜在危

险。如果一个电器产品产生的无线电频

率，与飞机使用的频率差别大，一般不会

对飞机造成干扰。但是，如果与飞机的

频率恰巧相同或相近，就会产生极大的

破坏，出现危险的状况。

在飞机上使用手机，手机信号会干

扰飞机的通信、导航、操纵系统，威胁飞

行安全。飞机在飞行过程中，利用机载

无线电导航设备与地面导航台保持实时联系，控制飞行航线；在能见度低的情况下，飞机降落时需要利用跑道上的盲降台向飞机发射电磁波信号，以确定跑道的位置。而手机如果开机，它会辐射出电磁波，干扰飞机上的导航设备和操纵系统。即使是待机状态也在不停地搜索、发出信号和基站联系。这个过程，虽然每

cì fā shè xìn hào de shí jiān jiào duǎn dàn shì jù yǒu hěn qiáng
次发射信号的时间较短，但是具有很强

de lián xù xìng ér zhè lián xù de diàn cí bō huì duì fēi jī jiē
的连续性。而这连续的电磁波会对飞机接

shòu dì miàn xìn hào chǎn shēng hěn dà de yǐng xiǎng yán zhòng wēi xié
受地面信号产生很大的影响，严重威胁

fēi jī háng xíng hé jiàng luò ān quán yīn cǐ zài fēi jī shàng shǒu
飞机航行和降落安全，因此在飞机上手

jī yào guān jī
机要关机。

dāng chéng kè tà shàng fēi jī shí bù néng hū shì guó jiā
当乘客踏上飞机时，不能忽视国家

de xiāng guān fǎ guī yóu qí shè jí zì jǐ hé tā rén shēng mìng
的相关法规，尤其涉及自己和他人生命

ān quán bù fáng jiǎn chá yí xià yǒu méi you guān diào shǒu jī
安全，不妨检查一下，有没有关掉手机。

WHY 你知道吗？

飞机是如何起飞的？

飞机上的发动机可以提供强劲的推力，让飞机在跑道上滑行，机翼的上表面的气流"跑"得比下表面的气流快，于是机翼就产生了上升的力。飞机越"跑"越快，气流就会越流越快，上升的力就越来越大，当这种力足够大时，飞机就可以飞上天空了。

乘坐公共汽车有哪些便利？

人们上班、上学，出门买东西、游玩，乘坐最多的交通工具就是公共汽车。现代的公共汽车已经成为一种最常用的交通工具。公共汽车有固定的站牌和路

xiàn bìng qiě zài gù dìng de shí jiān fā chē wú lùn shì rén cháo
线，并且在固定的时间发车，无论是人潮

yǒng dòng de zhǔ gàn jiē dào hái shi ān jìng de shēn xiàng xiǎo jìng
涌动的主干街道还是安静的深巷小径，

wǒ men zǒng néng kàn dào tā men máng lù de shēn yǐng
我们总能看到它们忙碌的身影。

gōng gòng qì chē de xíng chéng yào zhào gù dào dà duō shù
公共汽车的行程要照顾到大多数

rén suǒ yǐ zài dào dá mù dì dì zhī qián tōng cháng dōu yào rào
人，所以在到达目的地之前通常都要绕

lù jīng guò hěn duō dì fang xiàn dài de gōng gòng qì chē duō yòng
路经过很多地方；现代的公共汽车多用

shù zì biān hào bù tóng de shù zì biǎo shì gōng gòng qì chē suǒ
数字编号，不同的数字表示公共汽车所

xíng shǐ de bù tóng lù duàn rén men kě yǐ gēn jù zì jǐ de xū
行驶的不同路段，人们可以根据自己的需

要自由选择。随着社会的进步，公共汽车
也逐渐向人性化方向发展，可以为更多
的人提供服务。

公共汽车的分类

公共汽车的分类有多种，按照运行区间，可以分为短途和长途公共汽车；按照燃料种类的不同，可以分为燃油、燃气和电动公共汽车。

WHY?
这是为什么

胡文萱◎主编

北京工艺美术出版社

图书在版编目（CIP）数据

WHY？这是为什么．历史文化／胡文萱主编．－－北京：北京工艺美术出版社，2022.10

ISBN 978－7－5140－2450－0

Ⅰ．①W… Ⅱ．①胡… Ⅲ．①科学知识－儿童读物②文化史－世界－儿童读物 Ⅳ．① Z228.1 ② K103－49

中国版本图书馆 CIP 数据核字 (2022) 第 094505 号

出 版 人：陈高潮 策 划 人：杨 宇 装帧设计：上上设计
责任编辑：张怀林 责任印制：王 卓

法律顾问：北京恒理律师事务所 丁 玲 张馨瑜

WHY？这是为什么·历史文化

WHY？ZHE SHI WEISHENME · LISHI WENHUA

胡文萱 主编

出 版	北京工艺美术出版社
发 行	北京美联京工图书有限公司
地 址	北京市西城区北三环中路6号 京版大厦B座702室
邮 编	100120
电 话	(010) 58572763 （总编室）
	(010) 58572586 （编辑室）
	(010) 64280045 （发 行）
传 真	(010) 64280045/58572763
网 址	www.gmcbs.cn
经 销	全国新华书店
印 刷	天津海德伟业印务有限公司
开 本	700 毫米×1000 毫米 1/16
印 张	8
字 数	90千字
版 次	2022年10月第1版
印 次	2022年10月第1次印刷
印 数	1～20000
书 号	ISBN 978－7－5140－2450－0
定 价	199.00元（全五册）

前言

随着孩子们不断长大，他们探索大千世界的欲望会越加强烈，他们的小脑袋里会时不时冒出各种各样的问题。如，太阳是一个大火球吗？美丽的彩虹是谁画出来的？鸟儿为什么能飞那么高？树叶到了秋天为什么会变黄？心脏为什么跳个不停？眼泪为什么是咸的？……这些层出不穷的"小问题"，是孩子们对这个世界的初步探索。

为了满足孩子们的好奇心，开阔他们的视野，启发他们的创造力和想象力，我们精心编排了这套《WHY？这是为什么》丛书。这是一套融趣味性、知识性、科学性于一体的少儿百科全书，囊括了天文、地理、动物、植物、历史、生活、人体等多个领域的知识。本系列图书从孩子的视角出发，所选内容简单易懂，用语生动有趣，全彩注音，装帧精致，插图唯美。

希望孩子们能通过阅读本丛书领略到一个精彩奇妙、色彩斑斓的大千世界。我们衷心祝愿每一位孩子都能在本丛书的陪伴下茁壮成长。

目录
Contents

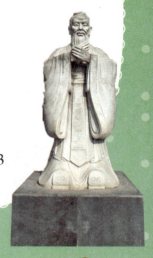

家天下是如何形成的？

公元前21世纪前后，我国由原始社会步入奴隶制社会。夏朝是我国历史上第一个奴隶制国家。

大禹在中原洪水滔天的情况下担起治水的重任，任职期间，大禹采用以疏导为主的方法，利用水向低处流的自然规律，使洪水从江河流入大海。经过治理后，生活在地势较高地区的居民，纷

纷迁移到地势较低的平原上，人们开垦那些肥沃的土地，促进农业生产，社会生产力有了显著提高，后来平原成了人们安居乐业的地方。这就为世袭制国家的建立提供了必要的经济基础。

　　大禹在治水期间亲力亲为，三过家门而不入，终于止住洪水，保卫了人们的家园，还开拓了新的土地，因此受到人们的爱戴，获得了舜的信任和多数人的支持，

<ruby>舜<rt>shùn</rt></ruby><ruby>把<rt>bǎ</rt></ruby><ruby>天<rt>tiān</rt></ruby><ruby>下<rt>xià</rt></ruby><ruby>禅<rt>shàn</rt></ruby><ruby>让<rt>ràng</rt></ruby><ruby>给<rt>gěi</rt></ruby><ruby>了<rt>le</rt></ruby><ruby>禹<rt>yǔ</rt></ruby>。<ruby>禹<rt>yǔ</rt></ruby><ruby>的<rt>de</rt></ruby><ruby>儿<rt>ér</rt></ruby><ruby>子<rt>zi</rt></ruby><ruby>启<rt>qǐ</rt></ruby><ruby>通<rt>tōng</rt></ruby><ruby>过<rt>guò</rt></ruby><ruby>各<rt>gè</rt></ruby>

<ruby>种<rt>zhǒng</rt></ruby><ruby>手<rt>shǒu</rt></ruby><ruby>段<rt>duàn</rt></ruby><ruby>打<rt>dǎ</rt></ruby><ruby>破<rt>pò</rt></ruby><ruby>了<rt>le</rt></ruby><ruby>禅<rt>shàn</rt></ruby><ruby>让<rt>ràng</rt></ruby><ruby>的<rt>de</rt></ruby><ruby>传<rt>chuán</rt></ruby><ruby>统<rt>tǒng</rt></ruby>，<ruby>开<rt>kāi</rt></ruby><ruby>始<rt>shǐ</rt></ruby><ruby>了<rt>le</rt></ruby><ruby>王<rt>wáng</rt></ruby><ruby>权<rt>quán</rt></ruby>

<ruby>世<rt>shì</rt></ruby><ruby>袭<rt>xí</rt></ruby><ruby>制<rt>zhì</rt></ruby><ruby>度<rt>dù</rt></ruby>，<ruby>建<rt>jiàn</rt></ruby><ruby>立<rt>lì</rt></ruby><ruby>起<rt>qǐ</rt></ruby><ruby>夏<rt>xià</rt></ruby><ruby>朝<rt>cháo</rt></ruby>。<ruby>从<rt>cóng</rt></ruby><ruby>此<rt>cǐ</rt></ruby>，<ruby>国<rt>guó</rt></ruby><ruby>家<rt>jiā</rt></ruby><ruby>的<rt>de</rt></ruby><ruby>最<rt>zuì</rt></ruby>

<ruby>高<rt>gāo</rt></ruby><ruby>领<rt>lǐng</rt></ruby><ruby>导<rt>dǎo</rt></ruby><ruby>权<rt>quán</rt></ruby><ruby>力<rt>lì</rt></ruby><ruby>就<rt>jiù</rt></ruby><ruby>开<rt>kāi</rt></ruby><ruby>始<rt>shǐ</rt></ruby><ruby>父<rt>fù</rt></ruby><ruby>传<rt>chuán</rt></ruby><ruby>子<rt>zǐ</rt></ruby><ruby>了<rt>le</rt></ruby>，<ruby>天<rt>tiān</rt></ruby><ruby>下<rt>xià</rt></ruby><ruby>成<rt>chéng</rt></ruby><ruby>了<rt>le</rt></ruby><ruby>一<rt>yì</rt></ruby>

<ruby>家<rt>jiā</rt></ruby><ruby>的<rt>de</rt></ruby><ruby>私<rt>sī</rt></ruby><ruby>有<rt>yǒu</rt></ruby><ruby>物<rt>wù</rt></ruby>。

WHY 你知道吗？

完备的国家机器

夏朝已经形成了比较完备的国家机器：修建了城堡和宫殿，建立了政权机构，设置了监狱和军队，制定了刑法和历法。

shāng cháo shì rú hé miè wáng de
商朝是如何灭亡的？

shāng cháo shì shāng tāng tuī fān xià jié jiàn lì de wáng cháo
商朝是商汤推翻夏桀建立的王朝，

shì yí gè nú lì zhì guó jiā　　shāng cháo jīng lì le pán gēng qiān
是一个奴隶制国家。商朝经历了盘庚迁

yīn wǔ dīng zhōng xīng zhī hòu　　zhú jiàn dá dào dǐng shèng dàn
殷、武丁中兴之后，逐渐达到鼎盛，但

shè huì máo dùn yě zài wú
社会矛盾也在无

xíng zhī zhōng bú duàn bèi jī
形之中不断被激

huà dào le mò dài jūn
化，到了末代君

zhǔ shāng zhòu wáng shí zhōng
主商纣王时，终

yú bào fā le zhàn zhēng
于爆发了战争。

shāng zhòu wáng yòu chēng
商纣王又称

dì xīn tā cōng míng guò rén lì dà wú qióng rè zhōng yǐ
帝辛，他聪明过人、力大无穷，热衷以

wǔ lì kuò zhāng lǐng tǔ tā qióng shē jí yù shè zhì le
武力扩张领土。他穷奢极欲，设置了

4

"酒池肉林"，强征民夫为他修建奢华的鹿台，使民夫死伤无数；他创制了残忍的"炮烙之刑"，并把多次规劝他的贤臣比干挖心处死。

此时，周国在周文王的苦心经营下日益强盛起来。周文王的儿子周武王继位后，重用姜尚、周公旦等人，趁着纣王越来越残暴，百姓敢怒不敢言的时机，联合西方和南方的部落，共同进攻商都朝歌。战争在商都郊外的牧野展开，当

时商纣王的军队正在同东夷作战，来不及调回，于是临时把大批奴隶武装起来对抗。奴隶早就

恨透了纣王，于是在阵前起义，引导周武王的军队攻入商都。纣王绝望地登上鹿台，全身挂满珠宝玉器，放火把自己烧死了。商朝就这样灭亡了。

WHY? 你知道吗？

姜尚

牧野之战的周军主将是大名鼎鼎的姜尚，又称姜太公、姜子牙、吕望等。姜尚家境贫寒，晚年在渭水之畔钓鱼时遇到周文王，遂得到重用，成为西周开国的第一功臣。

"春秋无义战"是谁提出来的？

"春秋时期"得名于孔子修订的鲁国史书《春秋》，是我国古代思想最活跃的时期，也是战争最频繁的时期之一。

春秋时期的开始时间是确定的，就是周平王都城东迁那一年，即公元前770年。结束时间说法不一，今多以周敬王四十四年，即公元前476年为准。

春秋时代是诸侯争

霸、文臣武将发挥实力的最佳舞台，但是长时间的战乱、割据、吞并，给普通百姓带

来了无穷的痛苦。各诸侯国之间的战争，绝大多数都是为了利益，掠夺别国的土地、人民、财富是最终目的，所以孟子才说"春秋无义战"。但是，春秋时期的战争也为土地的开发利用、少数民族融入中华民族以及国家统一奠定了基础。

WHY 你知道吗?

春秋五霸

在几种说法中，最知名的"春秋五霸"是司马迁在《史记》中所列的五个春秋霸主：齐桓公、晋文公、宋襄公、秦穆公、楚庄王。

战国时期最有影响力的学派有哪些？

战国时期，中国古典文化到达了一个崭新的高峰，学术思想领域形成了诸多学派。各个学派的代表人物对各种问题发表不同的见解，相互之间辩论、抨击，形成了"百家争鸣"的新气象。当时具有影响力的学派有儒家、道家、墨家等。

儒家以孔子、孟子和荀子为代表。孔子主张"礼治"，反对"法治"。孟子主张实行仁政、保民而王，提出了"民为贵，社稷次之，君为轻"等进步思想。荀子

创造出一套礼义学说，提出了"人定胜天"等观点。

道家以庄子为代表。庄子吸收老子《道德经》的思想，并进一步发挥，形成了自己的思想体系。庄子主张"安时而处顺"，认为人应当保持旷达，追求精神自由。

墨家以墨子为代表。墨子主张"兼爱"，用"兼相爱，交相得"的原则作为拯救天下的药方。墨子还提出"节用""节葬""非乐"的观点，反对穷奢极欲、挥霍浪费。

WHY? 你知道吗？

春秋战国时期的学派

据史书记载，春秋战国时期的学派多达千个，但比较著名、具有影响力的却只有儒家、道家、墨家、法家、阴阳家、名家、杂家、农家、小说家和纵横家这十个学派，去除小说家，剩下的九家也称作"九流"。

徐福东渡去的是日本吗？

在中国和日本都很著名的"徐福东渡"，确有其事。据《史记·秦始皇本纪》记载，公元前219年，徐福向热衷求仙的秦始皇上书，说海中有三神山，名为蓬莱、方丈、瀛洲，是仙人居住的地

方。于是秦始皇派徐福率童男童女数千人入海求仙，但是一无所获。

九年后，徐福担心受到责罚，因此再次请求带上三千童男童女和数百名不同工种的匠人乘船出海。这一次，他就再也没有回来。《史记·淮南衡山列传》中记载，徐福在一片广阔的平原地带当了国王。

相传，徐福东渡登陆的地方就是日本。有学者甚至认为日本第一位天皇神武天皇就是徐福。现在一些日本人也自称徐福后裔，日本前首相羽田孜就称自己是徐福的后裔。日本昭和天皇的幼弟三笠宫说过："徐福是我们日本人的'国父'。"至今，日本仍有多处徐福墓、徐

福宫、徐福上陆纪念碑等遗址。

当然，对此提出异议的人也很多，他们认为徐福东渡并没有其他文献进行佐证，《史记》也没有说明徐福在哪里落脚，而日本的遗迹都是后世所建，不足为证。要解开这个谜团，还有待更多的证据。

不管哪一种观点，徐福东渡所做的

<ruby>贡<rt>gòng</rt></ruby><ruby>献<rt>xiàn</rt></ruby>，<ruby>必<rt>bì</rt></ruby><ruby>然<rt>rán</rt></ruby><ruby>是<rt>shì</rt></ruby><ruby>巨<rt>jù</rt></ruby><ruby>大<rt>dà</rt></ruby><ruby>的<rt>de</rt></ruby>。<ruby>徐<rt>xú</rt></ruby><ruby>福<rt>fú</rt></ruby><ruby>东<rt>dōng</rt></ruby><ruby>渡<rt>dù</rt></ruby><ruby>日<rt>rì</rt></ruby><ruby>本<rt>běn</rt></ruby>，<ruby>带<rt>dài</rt></ruby><ruby>去<rt>qù</rt></ruby><ruby>了<rt>le</rt></ruby><ruby>先<rt>xiān</rt></ruby><ruby>进<rt>jìn</rt></ruby><ruby>的<rt>de</rt></ruby><ruby>技<rt>jì</rt></ruby><ruby>术<rt>shù</rt></ruby><ruby>和<rt>hé</rt></ruby><ruby>文<rt>wén</rt></ruby><ruby>化<rt>huà</rt></ruby>，<ruby>成<rt>chéng</rt></ruby><ruby>为<rt>wéi</rt></ruby><ruby>中<rt>zhōng</rt></ruby><ruby>日<rt>rì</rt></ruby><ruby>文<rt>wén</rt></ruby><ruby>化<rt>huà</rt></ruby><ruby>的<rt>de</rt></ruby><ruby>一<rt>yí</rt></ruby><ruby>段<rt>duàn</rt></ruby><ruby>佳<rt>jiā</rt></ruby><ruby>话<rt>huà</rt></ruby>。

WHY 你知道吗？

学者观点

有学者认为徐福到了韩国，还有人说他去了南洋或海南岛，甚至有人说他到了美洲。不过也有学者认为，徐福的船仓促出海，也有可能遇到风暴倾覆了。

赵匡胤参与"黄袍加身"的策划了吗？

公元959年，雄才伟略的周世宗柴荣突然一病而死，柴荣幼子柴宗训继位为恭帝，年仅七岁（一说五岁）。翌年正月初一，契丹与北汉联军入侵的消息传来，殿前都点检、检校太尉赵匡胤奉命率兵迎敌。正月初三，六万大军在陈桥驿驻

扎下来。当天夜里，赵匡胤喝得酩酊大醉。初四一大早，各军将领带着部下露出兵刃高喊："诸军无主，愿奉太尉为天子。"赵匡胤还没有回答，有人就将一件黄袍裹到他身上。

赵匡胤要求必须对京城秋毫无犯，随后宣布回师开封，几乎兵不血刃就控制了后周的都城开封。后周群臣无可奈何，翰林学士陶谷拿出一篇事先准备好的禅代诏书，宣布周恭帝退位。赵匡胤遂正式登皇帝位，建立大宋朝。

史书上称，赵匡胤原先并不知晓将士们会拥

戴自己当皇帝，只是事出无奈才不得不登大位。对于这种说法，历代史学家大都不相信，认为所谓"黄袍加身"，是赵匡胤、赵光义、赵普、石守信等人精心策划出来的。事后可以看出，赵匡胤出兵的借口——契丹进犯是子虚乌有的，陈桥兵变中也处处显示出精心筹划的痕迹，赵匡胤是早有准备的。

WHY 你知道吗？

赵匡胤

赵匡胤，字元朗，涿州人，宋朝开国皇帝，军事家、政治家、战略家，在位十六年，庙号太祖，葬于永昌陵。

郑和下西洋究竟为了什么？

郑和是我国古代最伟大的航海家之一。他本姓马，幼年入宫，聪明过人、学识渊博，因此被明成祖选中负责远航。

1405年，郑和第一次下西洋。此次船队中，长四十四丈、宽十八丈的宝船就有六十多艘，所载人员有二万七千多，其规模之大，堪称空前。此后一直到1433年，郑和率领

着当时世界上最大的船队，先后七次出海，到过南洋、印度洋的三十多个国家和地区。

郑和七下西洋究竟是为了什么呢？

较通行的观点认为，朱棣篡夺侄子建文帝的皇位后并不放心，怀疑建文帝逃到了海外，于是才派郑和出海找寻建文帝的下落，消除政治隐患。另一种观点认

为，下西洋是为了彰显明朝实力，使海外诸国"宾服中国"，同时加强明朝的外交。还有人说郑和七下西洋是由于经济原因，是为了发展对外贸易，增强经济实力。

WHY? 你知道吗？

郑和船队的空前壮举

郑和船队最南到达了爪哇，西北到达了波斯湾和红海，最西到达了非洲东海岸，是人类征服海洋的空前壮举。

儒家的核心思想是什么？

中国封建社会绵延两千余年，孔子作为儒家思想的创始人，受到历代统治者的追捧和加封，头衔众多，成为万世师表，即永远的学习榜样。

孔子创立的儒家学说是以"仁"为核心的道德学说。孔子本身就是个富有同情心、乐于助人、待人真诚又疾恶如仇的人。他被儒家学者推为"至圣"。他强调的"己所不欲，

勿施于人""君子成人之美，不成人之恶""躬自厚而薄责于人"等，都是他的做人准则，也是值得我们终生学习、体会和践行的高尚思想品格。

孔子一生周游列国十四年，直到七十三岁去世。他最大的贡献是在教育方面，他提倡"有教无类"，创办私学，广招学生，打破了贵族对学校教育的垄断，把受教育的范围扩大到平民，难怪后人感叹："天不生仲尼，万古如长夜。"

WHY 你知道吗？

孔子

孔子名丘，字仲尼，鲁国曲阜人，中国古代伟大的教育家、思想家。孔子所创的儒家是先秦诸子中对后世影响最为广泛和深远的一个学派。

为什么说屈原是伟大的爱国诗人？

屈原是战国末期楚国人，名平，字原，是楚国的贵族。他是我国历史上一位伟大的爱国诗人，也是一个学识渊博、目光深远的政治家。

屈原在担任三闾大夫和左徒期间，心系苍生社稷，力主改革朝政、联齐抗秦，由于在内政外交上

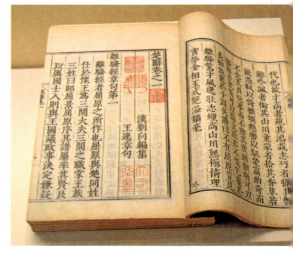

与楚国腐朽的贵族势力产生了尖锐的矛盾，遭到妒忌、诬陷，最终导致与楚王疏远，两次遭到流放，被逐出郢都。

qū yuán suī rán zāo dào liú fàng　dàn tā shǐ zhōng niàn niàn
屈原虽然遭到流放，但他始终念念

bú wàng zì jǐ de zǔ guó　chuàng zuò le dà liàng yōu xiù de shī
不忘自己的祖国，创作了大量优秀的诗

gē lái biǎo dá duì guó jiā de rè ài　zhè xiē shī gē yě shì duì
歌来表达对国家的热爱，这些诗歌也是对

zì jǐ gāo jié jīng shén de biǎo dá　chǔ guó yǐng dū bèi qín guó jiàng
自己高洁精神的表达。楚国郢都被秦国将

lǐng bái qǐ gōng pò zhī hòu　tā bào shí tóu mì luó jiāng zì jìn
领白起攻破之后，他抱石投汩罗江自尽，

yòng shēng mìng pǔ xiě le zuì hòu de qiān gǔ bēi gē
用生命谱写了最后的千古悲歌。

WHY 你知道吗？

屈原作品

屈原在诗歌《离骚》中表达了对楚国命运和人民生活的关心。郢都陷落后，他又写下著名的诗章《哀郢》，对后世诗歌有着极深的影响。

法家集大成者是谁？

法家集大成者是韩非，韩非子是对他的尊称。他是战国末期著名的思想家、哲学家、文学家，也是继承管仲、李悝、商鞅等人思想的法家集大成者。

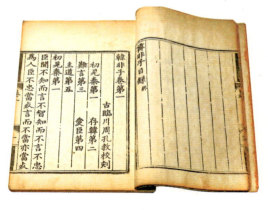

韩非出身于韩国贵族，与秦国宰相李斯都是荀子的学生。韩非眼见韩国政治腐败，改革不力，曾多次上书韩王，提出一系列修正法度、富国强兵的建议，但

不为韩王所采纳。于是他退而著书，写成《孤愤》《五蠹》《说难》等著作，共计五十五篇，十万余言，辑为《韩非子》。

这些著作传到秦国，秦王嬴政看到后不禁拍案叫绝。为了得到韩非，秦王发兵攻韩，扬言不交出韩非绝不退兵，韩王只得把韩非送到秦国，韩非因此做了秦国的客卿。

韩非同秦王嬴政谈过很多次话，二人非常投机。李斯怕韩非得势会对自己构成威胁，于是和姚贾以

韩非曾建议秦王保存韩国为由，在秦王面前说韩非的坏话，秦王于是将韩非下狱治罪，最终韩非在狱中被害。

此后，秦始皇（嬴政）始终实践着韩非的理论，最终一统六国。韩非死于政治斗争，但他的政治韬略却成了后世历代君王的治国要略。

 WHY 你知道吗？

《韩非子》

　　《韩非子》是韩非逝世后，后人编辑而成的，该书还诞生出许多成语，其中有我们熟悉的"自相矛盾""守株待兔""滥竽充数""老马识途""买椟还珠""兵不厌诈""孤掌难鸣"等。

为什么说商鞅变法影响最大？

战国时期，各诸侯国为了增强国力，相继展开了富国强兵的变法活动。魏国任用李悝变法，楚国任用吴起变法，赵国有赵武灵王改革，最有成效、影响最大的是秦国的商鞅变法。

战国初期，秦国的国力还比较弱，秦孝公即位后，决心改革

图强，便下令招贤。商鞅闻讯，就从魏国来到秦国，并得到了秦孝公的赏识。商鞅在秦国废除了井田制，奖励农桑，实行县制和连坐制等，改变了秦国的命运。

其中最重要的是军事方面的改革，商鞅"禁游宦之民，而显耕战之士"，废除了爵禄世袭的旧制度，给普通士兵开启了晋升之路。

商鞅变法一共实行了两次，第一次变法扩大了国家赋税和兵役、徭役来源，为秦国经济实力和军事实力的壮大奠定了坚实的基础。第一次变法后不到十年，商鞅开始了第二次变法。这次变法让秦国的内政与外交都发生了显著变化，特别是在对邻国的战争中，秦国已经由被动变为主动。

经过商鞅变法，秦国发展成为战国后期最强大的国家，为后来秦国统一六国奠定了基础。

WHY 你知道吗？

连坐

连坐是中国古代的一种刑罚方式，即他人犯罪，而自己与犯罪者有关系的话，也会受到相同的刑罚。

秦始皇统一六国后推行了哪些措施？

中国古代第一个皇帝是秦始皇，名叫嬴政。嬴政当上秦王之后，在公元前221年灭掉了最后一个诸侯国——齐国，完成了统一大业。

他推行了一系列政策和措施巩固统治，加强中央集权。

在政治方面，他创立了一套比较

秦始皇雕像

完备的封建专制制度。他确定最高统治者的称号为"皇帝",自称"始皇帝";建立了中央集权制度,中央设"三公",即丞相(百官之首,统管全国政务)、御史大夫(辅助丞相,主管监察和执法)和太尉(负责军事)。"三公"各掌其权,互不统属,最后的决断权归皇帝一人。在"三公"之下,有所谓"九卿"。

在地方则实行郡县制,郡县的长官由中央任免。

在经济上,秦始皇统一度量衡,并以原秦国的度量衡为标准;货币则统一为圆形方孔半两钱;交通方面则规定

车辆两个车轮的距离一律改为 6 尺；还大力推行重农抑商政策，促进封建土地私有制的发展。

在文化上，秦始皇将小篆作为官方规范文字，同时废除其他异体字。

在法制上，秦始皇以秦国原有的法令为基础，吸取其他各国的有关条文，制定了一套严密的刑法制度，发布于全国。

秦朝建立的这些制度，大多为汉朝所继承，进而影响到以后的历朝历代。

WHY 你知道吗

秦始皇

秦始皇出生于赵国都城邯郸，13 岁时即王位，自公元前 230 年至公元前 221 年，先后灭韩、赵、魏、楚、燕、齐六国，建立起一个中央集权的强大国家——秦朝。

为什么说张良是西汉重要的功臣？

汉王朝建立后，张良以"运筹帷幄之中，决胜于千里之外"之功，被封为留侯。他崇信黄老，尽量远离政治旋涡，得以明哲保身、居官善终。

张良对稳固汉初政权的功劳是非常大的。当时，刘邦宠爱戚夫人，想废掉吕后所生的太子刘盈。张良认为，废立太子一事事关重大，不可轻易更立，否则极易引起内乱。于是张良献计说，口舌已难保太子，现在有四个老者，人称"商山四皓"，都八十余岁了，节义清高，深受人们敬重，但是不肯接受皇帝征召，隐匿深山。如果太子屈尊固请

"四皓"下山，一定能巩固太子的地位。

"四皓"果然被太子的诚意所打动，下山辅佐太子。刘邦见到"四皓"之后，认为太子羽翼已丰，便放弃了易立太子的主张，太子刘盈终得嗣位，为此吕后更加敬重张良，刘盈继位后就是汉惠帝。

张良运用智慧，稳定了太子刘盈的地位，避免了一场政治危机，是有积极意义的。不愧为西汉开国重要的功臣。公元前189年，张良逝世，谥号为文成侯。

张良

张良，字子房，河南颖川城父人，秦末汉初杰出的谋士、大臣，与韩信、萧何并称为"汉初三杰"。

被后人称为"兵仙"的是谁？

韩信被后人称为"兵仙"，他是西汉开国功臣、军事家，其领兵能力天下无双。

韩信在帮助刘邦战胜项羽的过程中，建立了无数战功。他转战千里，平定了魏、

大将韩信

代、赵、燕、齐等割据北方的诸侯国，之后全歼龙且的二十万楚军，随后又在垓下围歼楚军，迫使项羽自刎。韩信的智谋韬略和用兵的神奇，在我国军事史上少有人能够匹敌。

韩信作为军事家，为后世留下了大量的典故："四面楚歌""背水一战""明修栈道，暗度陈仓""十面埋伏"，等

děng tā de yòng bīng zhī dào wéi lì dài bīng jiā suǒ tuī chóng
等。他的用兵之道，为历代兵家所推崇。

zuò wéi jūn shì jiā tā hái lián hé zhāng liáng zhěng lǐ xiān qín yǐ
作为军事家，他还联合张良整理先秦以

lái de bīng shū bìng zhù yǒu hán xìn bīng fǎ sān piān
来的兵书，并著有《韩信兵法》三篇。

sī mǎ qiān zài shǐ
司马迁在《史

jì zhōng jì zǎi le hán
记》中记载了韩

xìn yì shēng de shì jì
信一生的事迹，

bìng tū chū biǎo xiàn le tā
并突出表现了他

de jūn shì cái néng hé lěi
的军事才能和累

lěi zhàn gōng ér duì hán xìn
累战功。而对韩信

zuì hòu bèi bō duó le bīng quán bèi biǎn wéi huái yīn hóu sī mǎ
最后被剥夺了兵权，被贬为淮阴侯，司马

qiān yòu jǐ yǔ le wú xiàn tóng qíng hé wǎn xī
迁又给予了无限同情和惋惜。

成也萧何，败也萧何

"成也萧何，败也萧何"这个成语是民间对韩信一生的概括
和总结。韩信的成功和失败都与萧何有着比较大的关系。

为什么司马迁的《史记》能够青史留名？

司马迁是汉武帝时的太史令，他继承父亲的遗愿，编著一本前所未有的纪传体史书，书还没有写完，就遇上了李陵投降匈奴之事。

李陵是飞将军李广之孙，他率五千人讨伐匈奴，却被匈奴单于的八万大军包围。李陵镇定指挥，杀死匈奴无

数，但终因寡不敌众被单于擒获。于是，
李陵假意投降，希望有机会再报效汉朝。

当李陵投降的消息传到长安时，
汉武帝大怒。司马迁出于正义为李陵说
情，汉武帝不听，不但杀了李陵全家，更
迁怒于司马迁，对其处以宫刑。司马迁
悲痛欲绝，想要自杀，但是为了完成《史
记》，他忍辱负重活了下来，专心撰写
《史记》，以实现人生价值。由于司马

qiān zài chuàng zuò　　shǐ jì　　shí bǎo hán bēi fèn zhī qíng，suǒ
迁 在 创 作《史 记》时 饱 含 悲 愤 之 情，所

yǐ rén men chēng　 shǐ jì　 shì yí bù　　 fā fèn zhī zuò
以 人 们 称《史 记》是 一 部 "发 愤 之 作"。

　　　　sī mǎ qiān yǐ　 jiū tiān rén zhī jì　 tōng gǔ jīn zhī
　　　司 马 迁 以 "究 天 人 之 际，通 古 今 之

biàn　 chéng yì jiā zhī yán　 wéi zōng zhǐ chuàng zuò le　 shǐ jì
变，成 一 家 之 言" 为 宗 旨 创 作 了《史 记》，

gāi shū bèi liè wéi　　 èr shí sì shǐ　 zhī shǒu　 yǔ　 hàn
该 书 被 列 为 "二 十 四 史" 之 首，与《汉

shū　　 hòu hàn shū　　 sān guó zhì　 hé chēng　 qián sì shǐ
书》《后 汉 书》《三 国 志》合 称 "前 四 史"，

yǔ　 zī zhì tōng jiàn　 bìng chēng wéi　 shǐ xué shuāng bì
与《资 治 通 鉴》并 称 为 "史 学 双 壁"。

bèi lǔ xùn yù wéi　 shǐ jiā zhī jué chàng　 wú yùn zhī　 lí sāo
被 鲁 迅 誉 为 "史 家 之 绝 唱，无 韵 之《离 骚》"，

zài shǐ xué hé wén xué shàng dōu yǒu chóng gāo de dì wèi
在 史 学 和 文 学 上 都 有 崇 高 的 地 位。

WHY 你知道吗？

《史记》

　　《史记》是司马迁撰写的纪传体史书，是中国历史上第一部纪传体通史，记载了从上古传说中的黄帝时代至汉武帝太初四年间共三千多年的历史。

wèi shén me wáng xī zhī de shū fǎ
为什么王羲之的书法
zhè me yǒu míng
这么有名？

wáng xī zhī shì wǒ guó dōng jìn shí qī zhù míng de shū fǎ
王羲之是我国东晋时期著名的书法

jiā　　　tā zǎo nián gēn suí wèi fū rén xué shū fǎ　　yòu bó cǎi zhòng
家，他早年跟随卫夫人学书法，又博采众

cháng　cǎo shū xué zhāng zhī
长，草书学张芝，

zhèng shū xué zhōng yáo　　hòu
正书学钟繇，后

lái biàn xí cài yōng　liáng
来遍习蔡邕、梁

hú　zhāng chǎng děng rén　de
鹄、张昶等人的

shū fǎ　chuàng zào chū zì jǐ
书法，创造出自己

yán měi liú biàn de shū tǐ
妍美流便的书体。

zài wǒ guó shū fǎ yì shù shǐ
在我国书法艺术史

shàng　　wáng xī zhī yǒu jì wǎng
上，王羲之有继往

kāi lái de jù dà gòng
开来的巨大贡

xiàn duì wǒ guó shū
献，对我国书

yì de yǐng xiǎng wú rén
艺的影响无人

qǐ jí ér qiě tā
企及，而且他

de shū fǎ duì hòu shì yǐng xiǎng jí shēn táng dài de ōu yáng xún
的书法对后世影响极深，唐代的欧阳询、

yán zhēn qīng sòng dài de sū shì hé huáng tíng jiān děng shū fǎ jiā
颜真卿，宋代的苏轼和黄庭坚等书法家

wú bù shēn shòu tā de yǐng xiǎng suǒ yǐ hòu rén chēng tā wéi shū
无不深受他的影响。所以后人称他为"书

shèng xué xí tā shū fǎ de rén shǔ bú shèng shǔ
圣"，学习他书法的人数不胜数。

wáng xī zhī de xíng shū lán tíng jí xù bèi yù wéi
王羲之的行书《兰亭集序》被誉为

tiān xià dì yī xíng shū píng lùn zhě dōu shuō tā de bǐ
"天下第一行书"，评论者都说它的笔

势 "飘若浮云，矫若惊龙"，是一个 "尽
善尽美" 的作品，代表着王羲之以及中
国书法成就的顶峰。同时，《兰亭集
序》又是一篇脍炙人口的优美散文，记
叙了名士宴集的盛况，感叹人生聚散无
常，文笔清新疏朗，情韵绵邈。

WHY 你知道吗？

《兰亭集序》

《兰亭集序》又称《兰亭序》《兰亭宴集序》《临河序》，
是中国晋代书法家王羲之所作。文中反映了东晋士人从山水自然
中感悟人生的意趣，文字清隽，兼有超脱与深沉之情。

李白的魅力有多大？

李白出生在唐剑南道绵州昌隆青莲乡，祖籍则是今甘肃静宁一带。李白是中外驰名的"诗仙"，与"诗圣"杜甫并称"李杜"。

李白之所以被称为"诗仙"，主要是因为他的诗大多雄奇飘逸、俊逸清新，

极富浪漫主义精神，具有极高的艺术造诣和感染力。前辈诗人贺知章读到他的《蜀道难》时不由自主地称他为"谪仙人"，可见李白诗歌的魅力有多大。

我们以他的《早发白帝城》为例："朝辞白帝彩云间，千里江陵一日还。两岸猿声啼不住，轻舟已过万重山。"

这首诗创作于李白晚年，他因卷入宫廷斗争被流放夜郎，途中遇赦，

兴奋之余创作出这首传世名篇，艺术地再现了《水经注》中关于三峡的奇伟景象，充满着扬眉吐气、一飞冲天、锐不可当的气概，的确有"笔落惊风雨，诗成泣鬼神"的艺术魅力。

WHY 你知道吗？

李白代表作

李白的乐府诗和绝句最为出色，代表作有《望庐山瀑布》《梁甫吟》《早发白帝城》《将进酒》《行路难》等。

为什么李清照有"千古第一才女"之称？

在中国古代为数不多的几位女词人中，李清照称得上是才气纵横的一代大家。她出身于书香门第，父亲是宋代著名文学家李格非，因此她从小就打下了坚实的文学基础。她十八岁时嫁给了著名的金石学家赵明诚，与丈夫共同致力于书画、金石的搜集整理，夫妻感情非

常和谐。这一时期，李清照的词多写其
悠闲的生活，反映了她的闺中生活和思
想感情。

金兵入据中原之后，丈夫赵明诚不
幸辞世，李清照的生活开始孤苦无依，
她携带着与丈夫收藏的文物古籍追随宋
高宗的踪迹，这些文物也大多散失了。这
之后她所作的词多悲叹身世，情调感伤。

李清照后期的词与前期的词截然不同，国

破家亡和个人的遭遇使她备受折磨，因而她的词一改早年的清丽、明快，而充满了悲叹、感伤，主要抒发伤时念旧和怀乡悼亡的情感。

李清照代表作

李清照存世的词不多，代表作有《声声慢·寻寻觅觅》《醉花阴·薄雾浓云愁永昼》《念奴娇·春情》等。

世界上最早的指南针是什么？

我国早在2000多年前的战国时期，就已经有了利用磁石制作的指南工具。指南针起初应用于祭祀、礼仪、军事、占卜和看风水时确定方位。11

世纪末或12世纪初，中国船舶开始使用指南针导航。当时还不叫指南针，而叫"司南"。

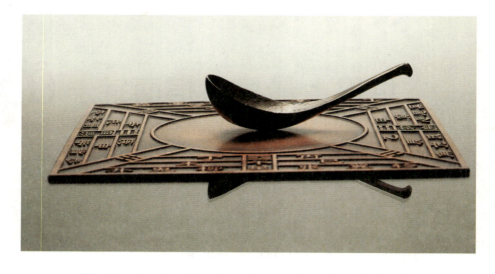

sī nán de gòu zào yǔ wǒ men jīn tiān suǒ kàn dào de zhǐ
司南的构造与我们今天所看到的指
nán zhēn wán quán bù tóng   tā shì yí gè yòng tiān rán cí shí mó zhì
南针完全不同。它是一个用天然磁石磨制
ér chéng de xiǎo sháo zi   fàng zài yí gè guāng huá de fāng xíng dǐ
而成的小勺子，放在一个光滑的方形底
pán shàng   sháo bǐng huì zì dòng de zhǐ xiàng nán fāng   sī nán jiù
盘上，勺柄会自动地指向南方。司南就
shì shì jiè shàng zuì zǎo de zhǐ nán zhēn
是世界上最早的指南针。

běi sòng mò nián
北宋末年，

zhǐ nán zhēn kāi shǐ yìng
指南针开始应

yòng yú háng hǎi   cóng
用于航海，从

cǐ   rén men zài dà
此，人们在大

hǎi shàng háng xíng yǒu le gèng jiā zhǔn
海上航行有了更加准
què de fāng xiàng   shì jì
确的方向。12世纪
yǐ hòu   zhǐ nán zhēn chuán
以后，指南针传
dào le ā lā bó   hòu
到了阿拉伯，后
lái yòu bèi ā lā bó rén
来又被阿拉伯人
dài dào le ōu zhōu   zhǐ nán
带到了欧洲。指南
zhēn cù jìn le ōu zhōu háng hǎi shì yè
针促进了欧洲航海事业
de fā zhǎn   tóng shí yě cù jìn le shì jiè wén míng de fā zhǎn
的发展，同时也促进了世界文明的发展。

欧洲最早的指南针

在欧洲，最先仿制出指南针的是法国人古约。1205 年，古约在研究中国指南针制作技术的基础上，试制出了欧洲最早的指南针。

雕版印刷和活字印刷有哪些优缺点？

印刷术有雕版印刷术和活字印刷术之分。所谓雕版印刷，是在适宜雕刻的枣木（或梨木）板上，刻出凸出来的反写的文字或插图，然后在刻好的印版上刷墨、铺纸，再在纸的背面轻轻拂拭，就印出正写的字和画了。这样印书，既方便迅速，又价格低廉，因此很快得到了推广。

但是，雕版印刷有不少缺点。比如，印一页就得刻一块版，雕印一部大部头的书，往往要花费几年的工夫；雕好后的书版，还要占用大量房屋存放。而要想印刷别的著作，又必须重新雕版，耗费大量的人力、物力和时间。为了改变这种情况，北宋时的平民毕昇首创了活字印刷术。活字印刷术的工艺是：用胶泥刻字，然后用火烧硬。制版时，在一块四周有框的铁板上面放置松香、蜡、纸灰等混合剂，在铁框里排放泥活字，排满一铁框就是一版。然后将其放在火上烘烤，松香、蜡、纸灰遇热熔化，冷却后便将一版泥活字固定在一起。工人再用一块平板将泥活字压平，就可以印刷

了。每印完
一版，就将
铁板放在火
上加热，混
合剂熔化后即

可取下泥活字，以备再用。

活字印刷节省了雕版费用，缩短了
出书时间，既经济又方便，是印刷史上
的一项伟大创举。

你知道吗？

活字印刷术的影响

15 世纪时，活字印刷术传到欧洲。1456 年，德国人古登堡
用活字印《古登堡圣经》，这是欧洲第一部活字印刷品，比中国
晚 400 年。活字印刷术经过德国传到其他国家，促进了文艺复兴
运动的到来。

淝水之战是怎么回事？

西晋灭亡之后，东晋建立，北方的匈奴、鲜卑、羯、氐、羌等少数民族的首领先后称帝，北方长期混战不休。其中，氐族贵族建立了前秦政权，前秦皇帝苻坚重用汉族知识分子王猛，推行一系列改革措施，前秦国力迅速强盛起来，先后灭掉前燕、代、前凉等割据政权，初步统一了北方。

wáng měng qù shì hòu，fú jiān kāi shǐ jiāo zòng qǐ lái

王猛去世后，符坚开始骄纵起来。

tā bù tīng qún chén quàn zǔ，zhēng diào gè zú rén mín，zǔ chéng

他不听群臣劝阻，征调各族人民，组成

bā shí qī wàn rén de jūn duì nán xià jìn gōng dōng jìn。dōng jìn cháo

八十七万人的军队南下进攻东晋。东晋朝

tíng máng pài xiè shí、xiè xuán shuài jīng bīng bā wàn，zài féi shuǐ

廷忙派谢石、谢玄率精兵八万，在淝水

yǔ fú jiān qīn zì shuài lǐng de xiān tóu bù duì duì zhì。xiè shí、

与符坚亲自率领的先头部队对峙。谢石、

xiè xuán xiàng fú jiān qǐng qiú qín jūn cóng féi shuǐ àn biān hòu chè，

谢玄向符坚请求秦军从淝水岸边后撤，

liú chū kòng dì lái，ràng jìn jūn dù guò féi shuǐ jué zhàn。fú jiān

留出空地来，让晋军渡过淝水决战。符坚

yīng yǔn le。bú liào qián qín shì bīng běn jiù bú yuàn zuò zhàn，hòu

应允了。不料前秦士兵本就不愿作战，后

miàn de bù duì tīng dào hòu tuì de mìng lìng, yǐ wéi qián fāng zhàn bài
面的部队听到后退的命令，以为前方战败

le, zhēng xiān kǒng hòu de táo pǎo, qián qín jūn duì dēng shí dà
了，争先恐后地逃跑，前秦军队登时大

luàn。 jìn jūn chéng jī qiǎng dù féi shuǐ, chōng shā guò lái。
乱。晋军乘机抢渡淝水，冲杀过来。

jiù zài cǐ shí, dōng jìn tóu xiáng guò lái de jiàng lǐng zhū
就在此时，东晋投降过来的将领朱

xù yòu zài qián qín jūn duì zhōng dà hǎn: "qín jūn bài le,
序又在前秦军队中大喊："秦军败了，

qín jūn bài le!" qián qín jǐ shí wàn jūn duì zì xiāng jiàn
秦军败了！"前秦几十万军队自相践

tà, sǐ zhě wú shù, fú jiān yě zhòng jiàn fù shāng, dà bài
踏，死者无数，符坚也中箭负伤，大败

ér huí, cóng cǐ yì jué bú zhèn。 fú jiān qù shì hòu, qián qín
而回，从此一蹶不振。符坚去世后，前秦

sì fēn wǔ liè, hěn kuài miè wáng le。
四分五裂，很快灭亡了。

WHY 你知道吗？

风声鹤唳

　　淝水之战战败后，符坚仓皇逃跑，一路上听到风声和鹤的叫声都觉得是追兵追上来了。后人总结出这个成语来形容人惊慌失措的样子。

官渡之战是怎么回事？

东汉末年，宦官、外戚专权，朝政腐败，爆发了著名的"黄巾起义"。在平定黄巾起义的过程中，众多军阀趁势崛起。北方经过连年混战之后，曹操、袁绍两股势力最为强大。其中，袁绍实力远超曹操，但是曹操控制着汉献帝，可以"挟天子以令诸侯"，道义上占据主动。

公元200年，曹操和袁绍在官渡进行了一场决定性的大战。袁绍有军队数十万，占地面积又大，曹操能用于对抗

袁绍的军队仅三四万。在此之前，曹军已在白马（今河南滑县北）、延津两地杀掉

了袁绍手下两员名将颜良、文丑，但双方实力差距依然巨大。

曹操主动撤退到官渡，深沟高垒，固守阵地，以待有利时机。双方相持数月后，曹操军粮将尽，曾有撤退之意，被谋士荀彧阻止。袁绍的谋士许攸前来投降曹操，献计出奇兵火烧袁军屯在乌巢的粮草辎重。袁军军心动乱，曹军趁机全力进攻，袁绍和儿子袁谭率亲兵八百余

qí táo guò huáng hé　　zài yě wú lì duì kàng cáo cāo　　zhè cháng
骑逃过黄河，再也无力对抗曹操。这场

yǐ shǎo shèng duō de zhù míng zhàn yì　　yì jǔ diàn dìng le cáo cāo
以少胜多的著名战役，一举奠定了曹操

tǒng yī běi fāng de jī chǔ
统一北方的基础。

曹操

　　曹操，字孟德，一名吉利，小字阿瞒，沛国谯县人，东汉末年著名的军事家、政治家、书法家以及文学家，三国中曹魏政权的奠基人。

chì bì zhī zhàn shì zěn me huí shì
赤壁之战是怎么回事？

jiàn ān shí sān nián　　gōng yuán　　nián　　cáo
建安十三年（公元208年），曹

cāo shuài lǐng bā shí wàn dà jūn　　jù hòu rén kǎo zhèng yuē wéi
操率领八十万大军（据后人考证约为

èr shí wàn　　shuǐ lù bìng jìn jìn gōng dōng wú　　dōng wú yǔ liú
二十万），水陆并进进攻东吴。东吴与刘

bèi lián hé qǐ lái zhǔn bèi kàng cáo　　lián jūn yuē yǒu wǔ wàn rén
备联合起来准备抗曹，联军约有五万人。

cáo jūn hé sūn liú lián jūn　　　　zài chì bì　　jīn
曹军和孙刘联军　　　　在赤壁（今

hú běi chì bì xī běi　　xiāng yù　　cáo jūn de shì bīng
湖北赤壁西北）相遇。　　曹军的士兵

都是北方人，不习水战，所以曹操下令用铁索把船连起来，士兵可以在上面步行、骑马，如履平地。周瑜部将黄盖找来十艘小船，装着干燥的芦苇、枯柴，灌上油，盖上帷幕，假装向曹操投降，使曹操不加防备。小船来到曹军二里外同时被点燃，在大风的帮助下越烧越旺，箭一样冲向曹军战船。曹军战船连在一

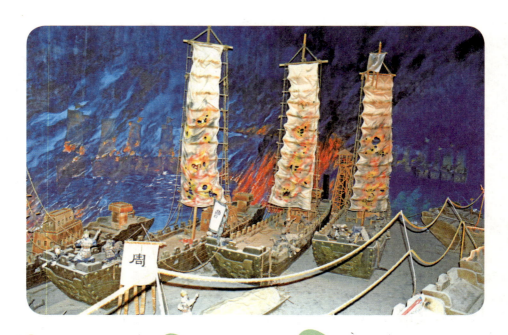

<ruby>起<rt>qǐ</rt></ruby>，<ruby>被<rt>bèi</rt></ruby><ruby>烧<rt>shāo</rt></ruby><ruby>得<rt>de</rt></ruby><ruby>一<rt>yì</rt></ruby><ruby>干<rt>gān</rt></ruby><ruby>二<rt>èr</rt></ruby><ruby>净<rt>jìng</rt></ruby>。<ruby>刘<rt>liú</rt></ruby><ruby>备<rt>bèi</rt></ruby><ruby>又<rt>yòu</rt></ruby><ruby>派<rt>pài</rt></ruby><ruby>大<rt>dà</rt></ruby><ruby>将<rt>jiàng</rt></ruby><ruby>追<rt>zhuī</rt></ruby><ruby>杀<rt>shā</rt></ruby><ruby>上<rt>shàng</rt></ruby><ruby>岸<rt>àn</rt></ruby><ruby>的<rt>de</rt></ruby><ruby>曹<rt>cáo</rt></ruby><ruby>军<rt>jūn</rt></ruby>，<ruby>曹<rt>cáo</rt></ruby><ruby>军<rt>jūn</rt></ruby><ruby>死<rt>sǐ</rt></ruby><ruby>伤<rt>shāng</rt></ruby><ruby>过<rt>guò</rt></ruby><ruby>半<rt>bàn</rt></ruby>，<ruby>曹<rt>cáo</rt></ruby><ruby>操<rt>cāo</rt></ruby><ruby>仓<rt>cāng</rt></ruby><ruby>皇<rt>huáng</rt></ruby><ruby>逃<rt>táo</rt></ruby><ruby>走<rt>zǒu</rt></ruby>。

WHY 你知道吗？

赤壁之战的影响

赤壁之战是我国历史上第一次在长江流域进行的大规模水上战役，此战形成天下三分的雏形，奠定了三国鼎立的基础。

唐朝由盛转衰的转折点是什么？

唐玄宗在位四十四年，前期政治清明，任用贤能，提倡文教，使当时社会经济飞速发展，唐朝成为当时世界上最

强盛的国家，史称"开元盛世"。

开元后期，唐玄宗逐渐丧失了励精图治的精神，开始纵情享乐，宠爱杨贵妃，并且不问政事。他任用的李林甫、杨国忠等宰相也骄奢跋扈、排斥异己，使得朝廷腐朽、军备空虚，政治、经济、社会渐呈衰败之象。安禄山是个胡人，他为人狡诈，善于逢迎，成为范阳、河

东、平卢三镇的节度使，见到朝廷衰弱，于是经过多年筹备，发动了叛乱，史称"安史之乱"。安史之乱期间，战乱不断、民不聊生，北方残破，唐政权失去了对地方的控制力，唐朝逐渐由盛转衰。

WHY? 你知道吗？

杨贵妃

杨贵妃又叫杨玉环，唐朝时期宫廷音乐家、舞蹈家，中国古代四大美女之一。公元744年入宫，得到唐玄宗宠爱，次年封为贵妃。安史之乱爆发后，跟随唐玄宗李隆基逃亡至马嵬驿，士兵哗变，自缢而死。

秦始皇陵为什么被誉为"世界第八大奇迹"？

秦始皇陵是秦始皇嬴政的陵墓，位于陕西省西安市临潼区城东五千米处的骊山北麓，是中国历史上规模最大的

陵墓。

秦始皇陵园就像一座设计规整、建筑宏伟的都城，整个陵园布局可分为4个层次，即核心部位的地下宫城（地宫）、内城、外城和外城以外，主次分明。秦陵四周分布着大量形制不同、内涵各异的陪葬坑和墓葬，现已探明的有四百多个，其中包括举世闻名的兵马俑坑。

秦始皇陵兵马俑坑不但是丰富的地下军事博物馆，也是一个雕塑艺术的宝库。这是我国考古史上的重大发现，被誉为世界历史的奇迹之一，又称"世界

第八大奇迹"。秦始皇陵坟丘及兵马俑坑显示了陵园的宏伟规划。在建筑史上，秦以前的战国墓葬主要是木椁墓，秦始皇陵封土堆山建陵园，开创了后代皇帝陵墓的先例，工程也最为浩大。而兵马俑殉葬，亦有着建筑史、工艺美术史、军事史及科学史等多方面的巨大意义。

WHY 你知道吗？

古代的殉葬制度

　　中国古代的殉葬制度起源于奴隶社会，奴隶主死后有活人陪葬，或是将奴隶处死殉葬。秦始皇陵中也有殉葬室，一为殉葬没有生育子女的后宫嫔妃，一为殉葬建造皇陵的工匠，另一种就是兵马俑，这些俑用来代替秦朝精锐将士陪葬。

wèi shén me shuō gù gōng shì wǒ guó

为什么说故宫是我国

wěi dà de jiàn zhù jié zuò

伟大的建筑杰作？

gù gōng　　　yòu chēng zǐ jìn chéng　　shì shì jiè shàng xiàn cún

故宫，又称紫禁城，是世界上现存

guī mó zuì dà　　zuì wán zhěng de gǔ dài mù zhì jié gòu jiàn zhù

规模最大、最完整的古代木质结构建筑

qún　　tā shǐ jiàn yú míng yǒng lè sì nián　　　　　nián

群。它始建于明永乐四年（1406年），

lì shí shí sì nián cái wán gōng　　gòng yǒu èr shí sì wèi huáng dì

历时十四年才完工，共有二十四位皇帝

xiān hòu zài cǐ dēng jī
先后在此登基。

gù gōng nèi bù yǒu yí gè xiǎn zhù de tè diǎn　　nà jiù
故宫内部有一个显著的特点，那就

shì duì chèn　　gè gōng diàn yán zhe yì tiáo yóu nán xiàng běi de zhōng
是对称，各宫殿沿着一条由南向北的中

zhóu xiàn pái liè　　bìng xiàng liǎng páng zhǎn kāi　　nán běi qǔ zhí
轴线排列，并向两旁展开，南北取直，

zuǒ yòu duì chèn　　bù jǐn diàn táng jiàn zhù cǐ qǐ bǐ fú　　hù
左右对称。不仅殿堂建筑此起彼伏，互

xiāng duì yìng　　shèn zhì lián dào páng de shí shòu shí lán　　chéng biān
相对应，甚至连道旁的石兽石栏、城边

de jiǎo lóu　　wū jǐ shàng de diāo kè yě dōu chéng shuāng pèi duì
的角楼、屋脊上的雕刻也都成双配对，

xiāng yìng chéng qù　　zhěng qí duì chèn　　gòu chéng le zǐ jìn chéng jiàn
相映成趣。整齐对称，构成了紫禁城建

筑的独特风格和宏伟气势，给人以稳重、博大、庄严的感觉。

故宫的布局十分严谨，整个建筑群由外朝和内廷两大部分组成。外朝以三大殿（太和殿、中和殿和保和殿）为中心，三大殿左右辅以文华殿、武英殿两组建筑；内廷以后三宫（乾清宫、交泰殿、坤宁宫）为中心，是皇帝和皇后居住的地方，后三宫两侧的东、西六宫，是后宫

pín fēi men xiū xi de dì fang　　gù gōng de bù jú shì gēn jù
嫔 妃 们 休 息 的 地 方。 故 宫 的 布 局 是 根 据

zhōng guó gǔ dài　　qián cháo hòu qǐn　　de lǐ zhì ér shè jì jiàn
中 国 古 代 "前 朝 后 寝" 的 礼 制 而 设 计 建

zào de　　zhěng gè gù gōng de bù jú sī xiǎng hé jiàn zhù yì shù
造 的。 整 个 故 宫 的 布 局 思 想 和 建 筑 艺 术

shǒu fǎ　　dōu shì wèi le tū chū fēng jiàn dì wáng zhì gāo wú shàng
手 法, 都 是 为 了 突 出 封 建 帝 王 至 高 无 上

de dì wèi hé xuàn rǎn huáng gōng fēi fán wēi yán de qì shì
的 地 位 和 渲 染 皇 宫 非 凡 威 严 的 气 势。

WHY 你知道吗？

太和殿

　　太和殿是明清两代举行国家盛大典礼的地方，无论是皇帝登基即位、皇帝大婚、册立皇后，还是每年万寿节（皇帝生日）、元旦、冬至三大节等重大庆典活动，都在这个地方举行。

为什么说长城是中国人民的骄傲？

中国的长城在世界上是鼎鼎有名的。它是中原汉族统治阶级抵御北方游牧民族的巨大屏障。只要北方的游牧民族攻破了这道强大的关口，越过长城，那

么中原，包括长江以南的江山就难保不被吞并。所以，历代王朝都非常重视长城，一再重修。它的修建时间之长、工程之巨，世界上几乎没有任何建筑能与之相比。

万里长城是闪耀着中国古代文明火花的伟大建筑，许许多多的外国友人只要一谈到中国，马上就会提到中国有一座长城。蜿蜒万里的城墙奔驰在万仞高山之中，消失在茫茫天际之上，将群山沿脊劈为两半，清晰明锐的轮廓使平野沙丘平添无限生气，气势之奇伟辽阔，在世界建筑史上是罕见的。

长城对于世界了解中国、中国走向世界都有不可替代的作用。早在西汉时

期，长城就在中西文化的交流中起到了
很好的促进和保护作用，凝聚着中华民族
几千年的智慧和力量。长城也是世界人民
了解中国的一个很好的切入点，长城不
仅是中华民族的象征，还是人类文明的
象征。

你知道吗

遗产保护

1961年，长城被国务院列为第一批全国重点文物保护单位。
1987年，联合国教科文组织将长城列入世界文化遗产。

为什么敦煌莫高窟这么出名?

莫高窟位于甘肃省敦煌市，是世界上现存规模最大、内容最丰富的佛教艺术圣地，它的重见天日被誉为20世纪最有价值的文化发现，它以精美的壁画和雕塑闻名于世。

莫高窟是集建筑、雕塑、绘画于一体的立体艺术，古代艺术家在继承中原汉

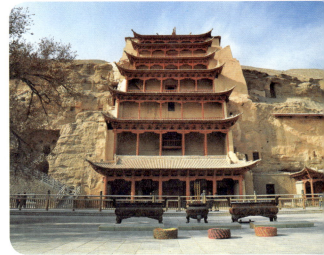

族和西域民族艺术优良传统的基础上，吸收并融合了外来的表现手法，发展出具有敦煌地方特色的中国民族风俗的佛教艺术品，为研究中国古代政治、经济、文化、宗教、民族关系、中外友好往来等提供了珍贵的资料，是人类的文化宝藏和精神财富。

此外，1900年，在莫高窟居住的道士圆禄清扫洞窟时发现了莫高窟的藏经洞，这是中国考古史上一次重大的发

现。藏经洞内有50000多件古代文物，其出土文书多为写本，少量为刻本，汉文书写的约占5/6，其他则为古代藏文、梵文、怯卢文、粟特文、古和阗文、回鹘文、龟兹文等。文书内容主要是佛经，此外还有道经、儒家经典、小说、诗赋、史籍、地籍、账册、历本、契据、信札、状牒等，其中不少是孤本和绝本，对研究中国和中亚地区的历史都具有重要的史料和科学价值，现已衍生出专门研究藏经洞典籍和敦煌艺术的学科——敦煌学。

WHY 你知道吗？

四大石窟

我国著名的四大石窟分别是甘肃敦煌莫高窟、山西大同云冈石窟、河南洛阳龙门石窟和甘肃天水麦积山石窟。

布达拉宫堪称佛教艺术的宝库吗？

布达拉宫坐落于西藏自治区，最初是吐蕃王朝松赞干布为了迎娶文成公主而建的。

布达拉宫内部绘有大量的壁画，构成了一条巨大的绘画艺术长廊，先后

cān jiā bì huà huì zhì de
参加壁画绘制的
yǒu jìn èr bǎi rén，yòng
有近二百人，用
le shí yú nián shí jiān。
了十余年时间。
bì huà de tí cái yǒu xī
壁画的题材有西
zàng fó jiào fā zhǎn de lì
藏佛教发展的历
shǐ，wén chéng gōng zhǔ jìn
史，文成公主进
zàng de guò chéng，xī zàng
藏的过程，西藏

gǔ dài jiàn zhù xíng xiàng hé dà liàng fó xiàng，jīn gāng，shì yí
古代建筑形象和大量佛像、金刚，是一
bù zhēn guì de lì shǐ huà juàn
部珍贵的历史画卷。

bù dá lā gōng gè zuò diàn táng zhōng bǎo cún yǒu dà liàng de
布达拉宫各座殿堂中保存有大量的

85

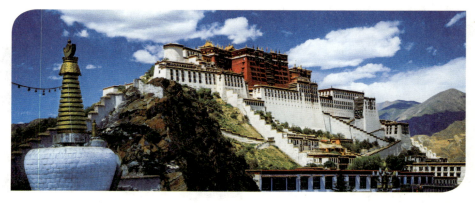

珍贵文物和佛教艺术品，如唐卡，以及金质、银质、玉石、木雕、泥塑的各类佛像，堪称佛教艺术的宝库。作为藏传佛教的圣地，每年到布达拉宫的朝圣者及旅游观光客不计其数。

WHY? 你知道吗？

遗产保护

1961年，布达拉宫成为我国首批全国重点文物保护单位之一，也是世界十大土木建筑之一。1994年，布达拉宫被列为世界文化遗产。

唐诗有名在哪里？

大唐王朝，人才辈出，各路名家名作层出不穷，所以唐诗在语言风格上也是多姿多彩、丰富多变的。

唐诗的题材非常广泛，有的反映当时的社会状况，有的表现疆场将士们的豪情壮志、抒发爱国思想，有的描绘田园风光，也有的抒写个人抱负

和遭遇，还有的表达男女爱慕之情、歌颂深厚的朋友之情或哀叹人生悲欢，等等。总之，诗人的一切所见所闻、所知所感都可能入诗，于是唐诗的题材便格外丰富多彩。

唐诗中又有很多诗歌流派，比如，以王维和孟浩然为代表的山水田园诗派；以高适、岑参、王昌龄为代表的边塞诗派；以杜甫为代表的现实诗派；以李

bái wéi dài biǎo de làng màn
白为代表的浪漫
shī pài
诗派。

táng shī shì zhōng
　　唐诗是中
guó yōu xiù de wén xué yí
国优秀的文学遗
chǎn zhī yī tā yǐ qí
产之一，它以其

fēng fù duō cǎi de fēng gé cháng jiǔ de yǐng xiǎng zhe zhōng guó
丰富多彩的风格，长久地影响着中国
wén huà bìng yǐ qí wú qióng de mèi lì hé wú jìn de jīng shén
文化，并以其无穷的魅力和无尽的精神
rǔ zhī xī yǐn hé bǔ yù zhe yí dài yòu yí dài de zhōng guó
乳汁，吸引和哺育着一代又一代的中国
rén shèn zhì zǒu chū guó mén zài shì jiè wén huà lì shǐ zhōng
人，甚至走出国门，在世界文化历史中
liú xià le nóng mò zhòng cǎi de yì bǐ
留下了浓墨重彩的一笔。

WHY 你知道吗？

诗人的称号

　　有些诗人因为诗作风格独特、才华卓绝获得了独特的称号，例如，李白被誉为"诗仙"，杜甫被誉为"诗圣"，李贺被誉为"诗鬼"，白居易被誉为"诗魔"，刘禹锡被誉为"诗豪"。

宋词分为哪些流派？

　　宋词是宋代流行的一种文学体裁，又称"曲子词""曲子""长短句"等。宋词起源于南朝，最初主要流行于民间，从《诗经》《楚辞》及汉魏六朝诗歌里汲取营养，大约到中唐时期被引入了文坛，发展成固定的文学形式，唐末五代时期开始流行，到了宋代进入全盛时期。

　　宋词的流派主要分

为婉约派和豪放派。

婉约派主要代表人物有欧阳修、柳永、秦观、贺铸、李清照、周邦彦等。内容主要偏重于儿女风情，结构缜密，音律谐婉，语言圆润，清新绮丽，具有一种柔婉之美；题材上则有所创新，词牌众多，格律要求更加工整。婉约词风长期支配

词坛，南宋的姜夔、吴文英、张炎等大批词家都在不同程度上受其影响。

豪放派的代表人物有苏轼、辛弃疾、岳飞、陈亮、陆游等。特点是在创作视

野上比较开阔，气象恢宏雄壮，喜用诗文的手法、句法和字法写词，用语宏博，不拘于音律，北宋黄庭坚、晁补之、贺铸等人都有这类风格的作品。宋室南渡以后，由于时代巨变，悲壮慷慨的高亢之调应运发展，蔚然成风，辛弃疾更成为创作豪放词的一代巨擘。

韩愈

韩愈（768~824），字退之，世称韩昌黎，唐代杰出的文学家、思想家，古文运动的领袖。他是唐代古文运动的倡导者，宋代苏轼称他"文起八代之衰"，明人推他为唐宋八大家之首。思想上，韩愈崇奉儒学，力排佛老，同时宣扬天命论，认为"天"能赏善罚恶，人只能顺应和服从天命。

WHY 你知道吗？

宋词划分

宋词按照字数多少划分，大致可分为小令、中调和长调。据清代毛先舒《填词名解》中说，小令为58字以内，中调在59字到90字之间，长调在91字及以上，最长的有240字。

为什么说元曲是中国文学史上一颗璀璨的明珠？

元曲是盛行于元代的一种文艺形式，是中华民族灿烂的文化宝库中一颗璀璨的明珠，它无论在思想内容上，还是在艺术成就上，都表现出了独有的价值和特色，和唐诗、宋词并驾齐驱，是我国文学史上不可或缺的经典部分。

元曲具有鲜明的民间风味，由北方的胡乐、蕃曲演化而来。虽然它的曲牌对字数、平仄等都有一定要求，但也允许在里面用衬字、加句子，甚至改变音韵

的平仄。正因为如此，元曲形成了灵活
多变的形式，使创作者拥有更大的创作
空间，可以酣畅淋漓地表达自己的思想
感情。

初期，元曲以关汉卿、马致远等人
为代表。关汉卿的杂剧写态摹世、曲尽其
妙、风格多变，小令活泼深切、晶莹婉
丽，套数豪辣大胆、痛快淋漓。马致远的
创作题材宽广，其作品意境高远，形象

鲜明，语言优美，音韵和谐，他被誉为"曲状元"和"秋思之祖"。中期时，元曲创作开始向文化人、专业化全面过渡，散曲成为文坛的主要体裁，以郑光祖、睢景臣、乔吉、张可久等人为代表。

末期，散曲作家以弄曲为专业，讲究格律辞藻，艺术上刻意求工，崇尚婉约细腻、典雅秀丽，以张养浩、徐再思等人为代表。

WHY 你知道吗？

关汉卿

　　关汉卿是我国伟大的戏剧家，是"元曲四大家"之一，以杂剧创作著称，现存《窦娥冤》《救风尘》《望江亭》等作品。关汉卿在中国戏曲史上占有重要地位。

wèi shén me hóng lóu mèng de
为什么《红楼梦》的
yǐng xiǎng lì nà me dà
影响力那么大？

hóng lóu mèng shì yí bù gǔ diǎn zhāng huí tǐ cháng piān
《红楼梦》是一部古典章回体长篇
xiǎo shuō yuán míng shí tou jì zuò zhě shì cáo xuě qín
小说，原名《石头记》，作者是曹雪芹。
shū zhōng xù shì yǐ shí tou chéng jiǎ fǔ wéi zhōng xīn yǐ jiǎ
书中叙事以石头城贾府为中心，以贾、

史、王、薛四大家族为背景，以贾宝玉、林黛玉的爱情悲剧为主要线索展开。该书着重描写了贾家荣、宁二府由盛转衰的过程，歌颂了具有叛逆精神的贵族青年和某些受压迫者的反抗行为，从而揭露了封建贵族阶级的腐朽和罪恶。

《红楼梦》最突出的艺术成就就是内容丰富、复杂，而又浑然天成，把生

活写得逼真且有味道。首先，小说通过对平凡的日常生活的精心提炼和反复细致的描绘，塑造了众多典型形象，仅人们耳熟

能详的就有数十人之多。其次，小说打破了传统的思想和写法，敢于如实描写，并无讳饰，和以前的小说写好人完全是好、坏人完全是坏大不相同，其中所叙述的人物都真实生动。再次，小说规模宏大，结构严谨，数以百计的人物，各式各样的事件，错综复杂的纠葛，在描写过

程中主线分明，人物、事件交错发展，前后照应，彼此制约，构成了一种网状

的艺术结构形式。最后，小说语言精美、纯熟、富于个性化，书中传神的描写比比皆是。

《红楼梦》是中国古典小说的高峰，古今中外有无数人为它着迷。

WHY 你知道吗？

曹雪芹

曹雪芹出生于清朝内务府正白旗包衣世家，是江宁织造曹寅之孙。曹雪芹早年经历过锦衣玉食、纨绔风流的生活，这也是《红楼梦》中荣、宁二府奢靡生活的现实来源。

为什么说春节是我国最隆重的节日？

春节是中国农历新年，又称新春、新岁、岁旦等，俗称过年。春节已有数千年的历史，起源于上古时代年头岁尾的祭祀活动。

春节是中国最隆重的传统节日，在春节期间，全国各地都会举行各种各样的庆祝活动，并带有浓郁的地域特

色。这些活动主要以除旧迎新、纳福祈年为主，形式丰富多样，寄托着人们对未来的美好祝愿。

春联又叫对联、楹联，由上联、下联、横批组成。春联对仗工整，描绘出人们对新年的美好愿望。春联最初是用桃木雕刻出神荼、郁垒这两个神像，挂在大门上，用来镇妖辟邪。后来只在桃板上写

出二神的名字，称作桃符。到了五代，逐渐出现联语。桃符改称为春联并用红纸写这一习俗，始于明代，并流传至今。

拜年也是春节的传统习俗之一，是亲朋好友之间表达美好祝愿的一种方式。

新年开始，人们走亲戚看朋友，街坊邻

居也会登门拜访，说些恭喜道贺的话语，共同享受新年的欢乐氛围。

压岁钱也是年俗之一，吃过年夜饭后，长辈要给小辈压岁钱。压岁钱有很好的寓意，古人认为可以保佑平安，现在则表达了长辈对小辈的美好祝愿。

WHY 你知道吗？

春节风俗习惯

古代每逢春节，人们都会喝"春酒"，祝"改岁"。后来还增添了放爆竹的项目。围绕春节，几千年来人们形成了扫尘、挂年画、守岁等风俗习惯，以及舞狮子、耍龙灯等传统项目。

为什么清明节要禁火寒食？
wèi shén me qīng míng jié yào
jìn huǒ hán shí

清明节在公历四月四日、五日前后，又称踏青节、三月节、祭祖节等，它不仅是我国的传统节日，还是二十四节气之一。清明节是春天耕种的大好时机，也是人们寄托感情和慰劳自己的日子。

传说在春秋战国时，晋文公当上

guó jūn hòu xiǎng qǐng zì jǐ de hǎo yǒu jiè zǐ tuī chū lái zuò
国君后，想请自己的好友介子推出来做

guān dàn jiè zǐ tuī bù cóng hái hé lǎo mǔ yì qǐ dào shān lǐ
官，但介子推不从，还和老母一起到山里

yǐn jū qǐ lái jìn wén gōng biàn xià lìng fàng huǒ shāo shān yǐ
隐居起来。晋文公便下令放火烧山，以

wéi jiè zǐ tuī yí dìng huì
为介子推一定会

bēi zhe lǎo mǔ táo chū
背着老母逃出

lái dàn dà huǒ shāo
来。但大火烧

le sān tiān sān yè
了三天三夜，

jiè zǐ tuī zhì sǐ yě
介子推至死也

méi yǒu chū lái jìn wén
没有出来。晋文

gōng fēi cháng hòu huǐ，wèi le biǎo shì duì jiè zǐ tuī de zūn zhòng
公非常后悔，为了表示对介子推的尊重
hé huái niàn　tā guī dìng zài qīng míng jié de qián yì tiān　quán guó
和怀念，他规定在清明节的前一天，全国
jìn yān huǒ　chī lěng shí　zhè jiù shì qīng míng jìn huǒ hán shí de
禁烟火，吃冷食，这就是清明禁火寒食的
yóu lái
由来。

WHY 你知道吗？

清明节的习俗

　　清明节正是春光明媚、草木萌动的时候，人们纷纷踏青出游，并在这一天祭扫祖墓。每到这一天，亲戚和家人都相伴来到墓前，先清除坟墓上丛生的杂草，再上祭品及焚化纸钱。

元宵节有哪些习俗？

农历正月十五是中国的传统节日——元宵节，又称上元节、小正月、元夕或灯节。元宵节是一元复始、大地回春的夜晚，这一天晚上，中国人素有赏花灯、吃元宵、猜灯谜等一系列传统民俗活动。

正月十五吃元宵的习俗在我国由来已久。在宋代，这种

食品被称为浮元子，后来才被称为元宵，生意人还称其为元宝。元宵节到来之际，全家人会坐在一起吃汤圆或者元宵，寓意着家庭和睦，幸福美满，团团圆圆。元宵有很多口味，可荤可素，常见的有芝麻、豆沙、黄桂、果仁、枣泥等口味。

闹花灯是元宵节传统的节日习俗，起始于西汉，兴盛于隋唐。到了唐朝以

后，元宵节已经形成一年一度的灯节。
元宵节到来之际，大街小巷都会挂满各
种各样的花灯，到处花团锦簇，除了大
红灯笼，还有宫灯、兽头灯、走马灯、
花卉灯等，吸引着观灯的群众。

除赏灯以外，为了增添节日的氛
围，人们还喜欢进行猜灯谜的活动。人们
将谜语写在纸条上，贴在五光十色的彩

灯上供人猜。如果赏灯的路人猜中了灯谜，就可将纸条摘下，并将谜底公布于众。通常猜中的人还会获得奖品。谜语充分展现了古代劳动人民的聪明才智和对美好生活的向往。

元宵和汤圆的区别

元宵和汤圆外形相差不大，所以容易混淆。元宵是"滚"出来的，汤圆则是"包"出来的。制作元宵时，要提前将馅和好，切成小块，用水打湿后放进糯米粉中反复滚动，直到滚成圆球；汤圆则是把糯米粉和成面团，包入各种馅料就可以，表面光滑。

端午节是为了纪念谁？

农历五月初五是我国传统节日——端午节，端午节和春节、清明节、中秋节并称为中国民间四大传统节日。端午节始于春秋战国时期，至今已有两千多年的历史。

战国时期的楚国大夫屈原，因为仗义执言而遭革职放逐，秦国则

趁机攻打楚国。眼见国破家亡，百姓流离失所，屈原愤然怀抱巨石投汨罗江而死。据说这一日正是阴历五月初五。人们听到这个消息后，纷纷划船到江上寻找屈原，还把粽子投入水里，希望喂饱鱼龙虾蟹，保全屈原的尸身不被吞食。从此，每年的五月初五，人们都会划龙舟、包粽子，以此来纪念这位伟大的政治家。

guān yú duān wǔ jié de yóu lái　　hái yǒu liǎng zhǒng shuō
关于端午节的由来，还有两种说

fǎ　　yì zhǒng shuō fǎ shì wèi le jì niàn chūn qiū shí qī de wǔ
法，一种说法是为了纪念春秋时期的伍

zǐ xū　　hái yǒu yì zhǒng shuō fǎ shì jì niàn tóu jiāng jiù fù de
子胥，还有一种说法是纪念投江救父的

dōng hàn cáo é
东汉曹娥。

赛龙舟的由来

　　相传屈原投江以后，当地百姓顺江打捞，一直到洞庭湖也没有找到屈原的尸体。他们想继续到洞庭湖去找，但此时恰巧下起了倾盆大雨，湖面的渔舟为避雨汇集到了岸边。渔夫们听说是在打捞贤臣屈原，就争相冒雨进湖打捞。赛龙舟的风俗就这样形成了。

为什么中秋节要吃月饼？

中秋节是流行于全国众多民族中的传统文化节日。每年的农历八月十五，恰值三秋之半，故称中秋。中秋节吃月饼的习俗，据说是从元朝时期流传下

来的。

相传，中原广大人民在蒙古人的残酷统治下，生活得非常痛苦。朱元璋想要联合反抗

力量，进行起义；但官兵搜查严密，消息无法传递。他的谋臣刘伯温想出一条计策：让人做一种饼，并把"八月十五起义"的字条藏在饼里，再让人分头传到各地的起义军手里，通知他们在八月十五这天晚上响应起义。推翻元朝后，

rén men wèi le jì niàn zhè yì
人们为了纪念这一
gōng jì bā yuè shí wǔ
功绩，八月十五
chī yuè bing de xí sú yě jiù
吃月饼的习俗也就
chuán le xià lái
传了下来。

jù shǐ shū jì zǎi zhōu dài
据史书记载，周代
yǐ yǒu zhōng qiū yè yíng hán zhōng qiū xiàn liáng qiú de
已有"中秋夜迎寒""中秋献良裘"的
huó dòng táng dài jiāng zhōng qiū yǔ cháng é bēn yuè wú gāng fá
活动。唐代将中秋与嫦娥奔月、吴刚伐
guì děng shén huà gù shi jié hé qǐ lái shǐ zhī chōng mǎn làng màn
桂等神话故事结合起来，使之充满浪漫
zhǔ yì sè cǎi běi sòng shí zhèng shì dìng bā yuè shí wǔ wéi zhōng
主义色彩。北宋时正式定八月十五为中
qiū jié
秋节。

WHY 你知道吗？

中秋节的别名

在我国古代，每个季节分孟、仲、季三个部分，中秋节处于秋季的中期，因此又被称为仲秋。中秋节又称祭月节、月夕、团圆节等。

重阳节的习俗有哪些?

每年农历九月初九是重阳节,重阳节又称老人节、登高节等,因日与月皆逢九,故又称重九。还因"九九"与"久久"谐音,所以人们把重阳节看作是一个吉祥的日子。

重阳节登高的风俗由来已久，主要源于此时的气候特点以及古人对山岳的崇拜。重阳节登高远眺可以陶冶情操，令人心旷神怡。

重阳节还有佩戴茱萸的习俗，所以又叫茱萸节。茱萸香味浓，有驱虫祛湿的作用，所以人们经常把茱萸佩戴在手臂上、插在头上或做成香袋挂在身上，以强健体魄、治病防病。

重阳节自古以来就有赏菊花、饮菊

花酒的风俗。菊花象征长寿，又具有凌霜绽放的品格，因此广受世人喜爱。菊花酒有养肝、明目、延缓衰老的功效。因此，这两个和菊有关的风俗就一直流传了下来。

"九"的寓意

　　在我国传统文化中，"九"是个极其特别的数字。因为"九"在个位数中是最大的，有"长久""长寿"的含义，寄托着人们希望老人健康长寿的祝愿。

除夕有哪些习俗？

除夕是指农历每年岁末的最后一天夜晚，因为常在农历腊月二十九或三十，所以又称大年三十。除夕在国人心中是具有特殊意义的，每到这一天，远在他乡的游子都会赶着回家和家人团聚。

年夜饭是一年之中极为重要的团圆饭。年夜饭不但菜品丰富，而且很讲究寓

意。年夜饭通常包含饺子、年糕、鸡肉、鱼等。饺子的形状与元宝相似，一盘饺

子象征"财源滚滚"；年糕为"年年高升"之意；"鸡"与"吉"音相近，吃鸡肉是"大吉大利"的好兆头；鱼则寓意"年年有余"。

除夕守岁是年俗活动之一。守岁又称熬年。除夕之夜，一家人会聚在一起守着"岁火"不让其熄灭，等着新的一年的到来。在古代，长辈守岁有珍惜时光的含义，年轻者守岁有为父母延长寿命

de hán yì
的含义。

chú xī dào lái zhī
除夕到来之

jì jiā jiā hù hù hái
际，家家户户还

huì tiē fú zì
会贴"福"字，

fú zì zhǐ fú qì
"福"字指福气、

fú yùn qī pàn zhe lái nián néng yǒu yí gè hǎo zhào tou biǎo dá
福运，期盼着来年能有一个好兆头，表达

le rén men duì wèi lái de měi hǎo zhù yuàn rén men hái jiāng fú
了人们对未来的美好祝愿。人们还将"福"

zì zuò chéng gè zhǒng jīng zhì de tú àn yǒu shòu xing shòu
字做成各种精致的图案，有"寿星""寿

táo lǐ yú tiào lóng mén wǔ gǔ fēng dēng lóng fèng
桃""鲤鱼跳龙门""五谷丰登""龙凤

chéngxiáng děng gèng zēng tiān le jié rì de qì fēn
呈祥"等，更增添了节日的气氛。

WHY 你知道吗？

贴"福"字的说法

　　"福"字的正反有很多种说法，大门上的"福"要正着贴，寓意迎接福气的到来，门上的正"福"只能贴一个；屋内的"福"可以倒着贴，意味着"福到了"。